Da Prisão, Medidas Cautelares e Liberdade Provisória

Lei nº 12.403, de 4.5.2011
Comentários e interpretação

EDITORA AFILIADA

O livro é a porta que se abre para a realização do homem.

Jair Lot Vieira

Thiago Minagé

Da Prisão, Medidas Cautelares e Liberdade Provisória

Lei nº 12.403, de 4.5.2011
Comentários e interpretação

Da Prisão, Medidas Cautelares e Liberdade Provisória

Thiago Minagé

© desta edição: Edipro Edições Profissionais Ltda. – CNPJ nº 47.640.982/0001-40

1ª Edição 2011

Editores: Jair Lot Vieira e Maíra Lot Vieira Micales
Produção editorial: Murilo Oliveira de Castro Coelho
Editoração: Alexandre Rudyard Benevides
Revisão: Murilo O. C. Coelho e Bruno Miola da Silva
Arte: Karina Tenório e Simone Melz

Dados Internacionais de Catalogação na Publicação (CIP)
(Câmara Brasileira do Livro, SP, Brasil)

Minagé, Thiago

Da prisão, medidas cautelares e liberdade próvisória : Lei n. 12.403/2011 interpretada e comentada / Thiago Minagé. – São Paulo : EDIPRO, 2011.

ISBN 978-85-7283-686-9

1. Liberdade provisória 2. Medidas cautelares restritivas 3. Prisão I. Título.

11-06361　　　　　　　　　　　　　　　　　　CDU-343.126

Índices para catálogo sistemático:
1. Prisões : Liberdade provisória : Medidas cautelares : Direito processual penal 343.126

edições profissionais ltda.
São Paulo: Fone (11) 3107-4788 – Fax (11) 3107-0061
Bauru: Fone (14) 3234-4121 – Fax (14) 3234-4122
www.edipro.com.br

Thiago Minagé

Advogado

Professor de direito penal e processo penal do UniMSB (Centro Universitário Moacir Sreder Bastos)

Professor de direito penal da FEMPERJ (Fundação Escola Superior do Ministério Público do Rio de Janeiro).

Professor da UCAM (Universidade Cândido Mendes) – pós-graduação *lato sensu*

Especialista em direito penal e processo penal pela UGF/RJ

Mestrando pela UNESA/RJ

Pesquisador do grupo "matrizes autoritárias do Código de Processo Penal – para além do código Rocco.

Servo de Deus.

Prefácio

Rubens R. R. Casara[*]

[...] todo ataque dirigido contra o obscurantismo é impressionante por aquilo que nos mascara, e a rejeição dos medievais para fora da modernidade (do ponto de vista do discurso sobre o Poder), continua sendo uma grande trapaça. Leiam, então, Kafka: o glosador reaparece nele com todas as letras e vem ordenar a fuzilaria. Vamos parar de rir da Idade Média, de suas técnicas do obscurantismo, sempre eludidas, sempre presentes (Pierre Legendre).

Ao longo da história, a prisão sempre foi utilizada como forma de controle social. Não é de hoje que o encarceramento de parcela significativa da população funciona como uma das principais estratégias de contenção das populações indesejadas (daqueles que BAUMAN chamou de "consumidores falhos", por não interessarem à sociedade de consumo[1]). Sublinhe-se que o processo de democratização formal do

---

[*] Juiz de Direito do TJ/RJ, doutorando em Direito pela UNESA/RJ, mestre em ciências penais pela UCAM/ICC, coordenador de processo penal da Escola da Magistratura do Estado do Rio de Janeiro, vice-presidente do Fórum Permanente de Direitos Humanos da EMERJ, professor de processo penal do IBMEC/RJ e membro da Associação Juízes para a democracia (AJD).

1. BAUMAN, Zygmunt. *Globalização: As Consequências Humanas*. Tradução de Marcus Pechel. Rio de Janeiro: Jorge Zahar Editor, 1999.

Estado brasileiro, apesar das expectativas geradas, em especial no que se refere à proteção dos direitos humanos, não foi capaz de solucionar os graves problemas sociais ou de romper com a tradição autoritária que acompanha a nossa sociedade. Não por acaso, o Brasil, país de capitalismo tardio e marcado por forte desigualdade social, tem a terceira maior população carcerária e um dos maiores contingentes de presos provisórios do planeta.*

Diante das justificadas demandas da população brasileira, a classe dirigente, incentivada pelos meios de comunicação de massa, apresenta uma única resposta aos mais variados problemas sociais: a repressão penal. O encarceramento passa a ser a resposta preferencial aos desvios etiquetados como crimes (criminalização primária) e que acabam selecionados à persecução penal (criminalização secundária). Vivencia-se, então, o fenômeno da construção de um Estado Penal.[2]

De fato, sempre que aumenta a sensação de insegurança da população, seja em razão da exploração midiática de determinados crimes, seja diante do aumento real dos conflitos sociais, surgem propostas para aumentar as penas e reduzir as garantias processuais. No Brasil, país que se acostumou com o autoritarismo, a solução preferida para os diversos e complexos problemas sociais, por ser a mais simples, continua a ser o recurso à força (o Estado, mais uma vez, é posto em oposição ao indivíduo). Nas raras ocasiões em que as inovações legislativas buscam a racionalização da atividade estatal, com a necessária contenção do poder penal, as vozes fascistas de ontem e de hoje se unem para proclamar o caos e a impunidade.

---

*   Segundo dados do Departamento Penitenciário Nacional, a população carcerária do país passou de 232.755, em 2000, para 473.626, em 2009. No mesmo período, a população brasileira cresceu apenas 11,8%. O aumento da população carcerária é atribuído, principalmente, ao crescimento do número de presos provisórios. No ano de 2009, foram contabilizados 152.612 presos cautelares, o que representa 44% do total de detentos do país. Registre-se que esses números não param de subir.

2.   Nesse sentido: WACQUANT, Loïc. *Les prisons de la misère*. Paris: Éditions Raisons d'Agir, 1999.

Nesse contexto, o professor Thiago Minagé nos apresenta o seu livro sobre a recente Lei n.º 12.403, de 4 de maio de 2011. Trata-se, sem dúvida, de obra original e corajosa ao abordar o novo regime jurídico das medidas cautelares no processo penal. Em suas linhas, Thiago Minagé se propõe a apresentar não só as virtudes e os defeitos da nova lei, como também várias teses que se revelam comprometidas com o projeto constitucional para o processo penal. Assim, por exemplo, o autor defende a retroatividade da Lei nº 12.403/2011 para alcançar situações passadas, a internacionalização dos direitos humanos, a concretização do princípio da presunção de inocência e, em especial, a necessidade de interpretações adequadas à opção constitucional pelo sistema acusatório.

Ao final da estimulante leitura proposta pelo prof. Minagé, não sobrarão dúvidas de que, apesar de alguns equívocos do legislador (e, em defesa dos juristas que elaboraram o projeto*, vale lembrar que ocorreram diversas modificações no texto original ao longo do processo legislativo), a nova legislação revela-se melhor do que aquilo que havia no Código de Processo Penal de 1941. Mas, uma lei, por melhor que seja o seu conteúdo, não é capaz de mudar um quadro composto por atores jurídicos que se apresentam como justiceiros ao arrepio do princípio garantista da legalidade estrita, pela banalização tanto da prisão em flagrante (raramente submetida ao duplo juízo de legalidade/necessidade que deveria recair sobre toda e qualquer constrição cautelar) quanto da "ordem pública" como fundamento à prisão preventiva (conceito aberto e indeterminado que propicia perversões inquisitoriais), por prisões para averiguações (renomeadas de "prisões temporárias") e pela manutenção de prisões desnecessárias e desproporcionais.

Thiago Minagé, representante da nova safra de processualistas penais forjados a partir das lições de Geraldo Prado, Luis Gustavo Gran-

---

* A comissão de juristas foi presidida pela professora Ada Pellegrini Grinover e composta por Antônio Magalhães Gomes Filho, Antônio Scarance Fernandes, Luiz Flávio Gomes, Miguel Reale Júnior, Nilzardo Carneiro Leão, René Ariel Dotti, Rogério Lauria Tucci, Petrônio Calmon Filho, Sidney Beneti e Rui Stoco.

dinetti Castanho de Carvalho, Lenio Luiz Streck, dentre outros juristas que atuam em favor da democracia, sabe que há uma diferença ontológica entre o texto legal e a norma produzida pelo intérprete[3]; que não basta a Lei nº 12.403/2011 reconhecer a natureza excepcional e o caráter subsidiário da prisão provisória em relação a todas as demais medidas cautelares para que no "mundo da vida" cessem as prisões desnecessárias.

E é justamente por compreender que o contexto condiciona a interpretação dos atores jurídicos, o que pode inviabilizar o potencial democratizante da nova lei, que o professor Thiago Minagé nos apresenta um livro que servirá de importante instrumento para romper com essa tradição autoritária (com a "cultura inquisitorial-encarcerizadora dominante"[4]) no trato das medidas cautelares. Eu, de minha parte, vou lê-lo e consultá-lo com frequência.

Parabéns ao amigo Thiago pelo belo trabalho e, em especial, parabéns ao afortunado leitor. A toda evidência, recomendo a leitura deste livro a todos aqueles que se preocupam com a construção de um processo penal adequado ao Estado democrático de Direito.

---

3. Sobre o tema, por todos: STRECK, Lenio Luiz. *Verdade e consenso: constituição, hermenêutica e teorias discursivas: da possibilidade à necessidade de respostas corretas em direito.* Rio de Janeiro: Lumen Juris, 2009.

4. Utiliza-se aqui a expressão cunhada por Aury Lopes Jr. em outra importante obra sobre o regime jurídico das cautelares (LOPES JR., Aury. *O novo regime jurídico da prisão processual, liberdade provisória e medidas cautelares diversas.* Rio de Janeiro: Lumen Juris, 2011, p. 4).

Apresentação

Deus me permitiu, ao longo dos anos, muitas felicidades na vida pessoal e profissional. Algumas delas, entretanto, são tão marcantes, tão profundamente sentidas que me fazem ir às lágrimas. Certamente é o que agora me acontece, quando, com satisfação e orgulho indescritíveis, apresento o livro do meu amigo, ex-estagiário e, hoje, colega de magistério, Thiago Minagé.

Conheci Thiago quando, ainda nos bancos universitários, assistia aos julgamentos no Tribunal do Júri da Comarca de Nova Iguaçu, onde eu era a titular da 1ª Promotoria. Sempre muito interessado, perguntava detalhes dos julgamentos, discutia alguns aspectos jurídicos das questões apresentadas e já demonstrava, ainda de forma embrionária, mas indelével, sua inclinação pela boa causa, pelos ideais de justiça e de ética. Forjava-se, assim, um profissional de valor, que amava o Direito e, além das palavras, respeitava essa ciência que escolhemos para as nossas vidas, por ainda acreditarmos que podemos com ela mudar o mundo.

Lutando e vencendo obstáculos, Thiago Minagé concluiu seu curso, continuou estudando, aprimorou-se e, hoje, é um brilhante advogado e mestre, pai e marido de valor, nos brinda com essa obra, fazendo um estudo das cautelares trazidas ao ordenamento jurídico brasileiro pela Lei nº 12.403/11, sendo um dos pioneiros na análise da matéria.

Esse é meu ex-aluno e estagiário Thiago, que me emociona com o convite para apresentar este livro.

Esse é o meu amigo Thiago, um homem que, honrando sua origem, mostra-se um filho que não foge à luta, nem teme a crítica.

Esse é o professor Thiago Minagé, cuja trajetória demonstra que o senso crítico, a coragem e a inquietude são traços marcantes de sua personalidade encantadora.

Certa de que a luz que o trouxe até aqui permeia as linhas lançadas nesta obra, estou certa de que o leitor as apreciará.

Rio de janeiro, 13 de junho de 2011.

__Claudia Barro Portocarrero__
(Promotora de Justiça no RJ. Coordenadora acadêmica da FEMPERJ. Professora de inúmeros cursos preparatórios para concurso e autora de vários livros jurídicos)

Agradecimentos

Ao Príncipe da Paz e Rei dos reis – Jesus – que me fortalece a cada batalha e me renova a cada manhã, a ti, toda honra e toda glória;

À minha família rocha do meu ser, a todos vocês devo o que sou o que me tornei e o que serei;

Aos meus professores e amigos, Geraldo Prado, Rubens Casara, Claudia Barros Portocarrero, Luiz Gustavo Grandinetti e Antonio Carlos de Oliveira. Todos vocês são sensacionais e fazem parte dessa história feliz.

Aos amigos integrantes do escritório - Thiago Minagé & Associados – pela paciência e consideração, por me aturarem nos momentos de maior tensão e mesmo assim serem fiéis a mim.

Enfim, aos meus alunos, razão desse sonho que se concretiza em palavras expressadas nestas folhas, meus amigos e amados de todo coração. A vitória é de vocês.

"Ora, a fé é o firme fundamento das coisas que se esperam, e a prova das coisas que se não veem".

Hebreus 11:1

Sumário

Introdução 19

1. Prisão processual e princípio da presunção de inocência ou não culpabilidade 25

2. Da cautelaridade da prisão preventiva necessariamente uma exceção à regra que é a liberdade 29

   2.1. Ordem pública? 31

3. Do Direito Intertemporal 33

4. Das alterações trazidas pela Lei nº 12.403/2011 37

5. Título IX – Da Prisão, Medidas Cautelares e Liberdade Provisória 39

   Capítulo I – Disposições Gerais 39

   Do art. 282 39

   Do art. 283 47

   Do art. 284 49

   Do art. 285 51

   Do art. 286 52

Do art. 287 53
Do art. 288 54
Do art. 289 54
Do art. 289-A 56
Do art. 290 57
Do art. 291 58
Do art. 292 58
Do art. 293 59
Do art. 294 60
Do art. 295 60
Do art. 296 66
Do art. 297 67
Do art. 298 67
Do art. 299 67
Do art. 300 68
Capítulo II – Da Prisão em Flagrante 68
Do art. 301 68
Do art. 302 70
Do art. 303 75
Do art. 304 76
Do art. 305 77
Do art. 306 77
Do art. 307 79
Do art. 308 79
Do art. 309 80
Do art. 310 80
Capítulo III – Da Prisão em Preventiva 82
Do art. 311 82
Do art. 312 83

Do art. 313 86
Do art. 314 88
Do art. 315 89
Do art. 316 90
Capítulo IV – Da Prisão em Domiciliar 107
Do art. 317 107
Do art. 318 107
Capítulo V – Outras Medidas Cautelares 108
Do art. 319 108
Do art. 320 113
Capítulo VI – Da Liberdade Provisória, com ou sem Fiança 113
Do art. 321 113
Do art. 322 120
Do art. 323 127
Do art. 324 128
Do art. 325 128
Do art. 326 130
Do art. 327 130
Do art. 328 131
Do art. 329 132
Do art. 330 133
Do art. 331 133
Do art. 332 133
Do art. 333 134
Do art. 334 134
Do art. 335 134
Do art. 336 135
Do art. 337 136
Do art. 338 136

Do art. 339 136
Do art. 340 137
Do art. 341 138
Do art. 342 139
Do art. 343 140
Do art. 344 140
Do art. 345 141
Do art. 346 141
Do art. 347 141
Do art. 348 142
Do art. 349 142
Do art. 350 142
Da Função do Jurado 143
Do art. 439 143
6. Conclusão... 145
7. Apêndice – Lei nº 12.403, de 4.5.2011 149
Referências 157

Introdução

Em 4 de maio de 2011 foi sancionada a Lei nº 12.403, publicada no Diário Oficial de 5 de maio, com a previsão de uma *vacatio legis* de 60 dias. Embora a nova lei esteja respeitando ordenamento jurídico que determina período de adaptação antes de sua entrada em vigor, existem posicionamentos doutrinários[5] sustentando que essa limitação temporal – especialmente as que se referem à aplicação das medidas cautelares, uma vez que são mais benéficas do que a prisão – não deveria ter feito parte da redação desse dispositivo legal, tendo a sua aplicação caráter imediato, ou seja, o legislador não deveria especificar *vacatio legis*, mas a entrada em vigor no ato da publicação. Esse entendimento se fundamenta no disposto no artigo 5º, § 1º, da Constituição Federal, ao estabelecer que "as normas definidoras dos direitos e garantias fundamentais têm aplicação imediata".

No entanto, ouso ir além nesse debate acerca da utilização da regra inerente à ***novatio legis in mellius***. Entendo que a Lei nº 12.403/2011 não só possui aplicação imediata como também retroativa, alcançando,

---

5. MOREIRA, Rômulo de Andrade. *A prisão processual, a fiança, a liberdade provisória e as demais medidas cautelares* – comentários à Lei nº. 12.403/11. Disponível em: http://www.conteudojuridico.com.br/?artigos&ver=2.32169. Acessado em: 1 jun. 2011.

assim, situações já consolidadas, mas que necessitam de reexame. Esse estudo será abordado em pormenores em capítulo próprio mais à frente.

Fruto de clamor popular, acadêmico, profissional, e forense, desde a promulgação da Constituição da República Federativa do Brasil, em 1988, a análise do projeto de atualização da uma série de alterações legislativas no que se refere ao processo penal tiveram início, de modo a adequá-lo, mesmo que tardiamente, aos ditames constitucionais.

Datado da década de 1940, o Código de Processo Penal foi criado, elaborado e fundamentado em regras oriundas da Itália fascista, à época dominada por Mussolini, e ainda influenciada pelo "Estado Novo" de Getúlio Vargas. Ele possui inúmeros institutos fundados em *características inquisitórias*, completamente opostas aos preceitos de um Estado democrático de Direito, no qual, desde um mero suspeito, passando pelo indiciado e também referindo-se ao acusado e condenado, é preciso entender que todos deixaram de ser considerados inimigos e passaram a ser tratados de forma digna, mesmo que tenham praticado ato contrário ao direito ou violador deste.

Pela nossa tradição processual penal, que vigora desde 1941, baseada nos preceitos expostos, o sistema adotado era, e ainda é, o *inquisitorial*[6]. No entanto, a realidade mudou, não apenas social como juridicamente, logo, baseando-se nos ensinamentos de Francisco Delgado "No es posible entender el devenir de la reforma penal, si no se analiza en el contexto de su desenvolvimento fáctico",[7] ou seja, é impossível entender as mudanças jurídicas sem que ocorram as devidas alterações sociais, políticas e institucionais.

Com o advento da Constituição de 1988, que de forma expressa adotou posicionamentos sociais, culturais e jurídicos completamente diversos daqueles definidos no Código de Processo Penal de 1941,

---

6. COUTINHO. Jacinto Nelson de Miranda. O Sigilo do Inquérito Policial e o Advogado. *Revista Brasileira de Ciências Criminais*. Parecer. p. 124.
7. DELGADO, F. *Ficción y realidad en el proceso penal: Una aproximación sociológica a la implantación del sistema acusatorio*. Disponível em: <http://www2.scielo.org.ve/pdf/crimi/v33n2/art01.pdf>. Acessado em: 11 jun. 2011.

caracterizado, como bem definiu Fauzi CHOUKR, como um verdadeiro "Processo Penal de Emergência"[8], não foi aceito e muito menos aplicado, e que passou a ser tratado como um subsistema, contrário à Constituição Republicana, completamente fora do âmbito normativo e cultural, garantias constitucionais como liberdade, presunção de inocência ou não culpabilidade apresentam-se como importantes conquistas do Estado democrático de Direito no que se refere à luta pelo respeito aos direitos do ser humano. Porém, conforme a complexidade do tema e sua interferência na esfera de direitos fundamentais da pessoa humana, torna-se impossível estudar o tema dissociado de uma análise funcional.

Desde 1988 vivemos sob a égide de um ordenamento jurídico caracterizado por um sistema acusatório garantidor de direitos fundamentais da pessoa humana, contrapondo-se, assim, a sistemas totalitários como o inquisitorial, como descrevemos de forma breve e singela.

Na precisa definição de Geraldo PRADO[9] "sistema acusatório compreende normas e princípios fundamentais, ordenadamente dispostos e orientados a partir do principio mais importante", *aquele do qual herda o nome: acusatório.* O principio acusatório, orientador de todo o sistema de mesmo nome, é identificado por características que lhe são próprias, e que o distingue de outros sistemas. Conforme afirmação de Aury LOPES JR.,[10] aqui exposto de forma simplificada, "em razão da existência de uma divisão de funções, principalmente entre acusar e julgar, deve haver inércia plena do juiz na fase instrutória processual, além de publicidade e oralidade dos atos, sendo certo que estas características não são respeitadas por exclusão e sim de forma complementativa dos demais direitos e garantias processuais inerentes

---

8. CHOUKR, Fauzi Hassan. *Processo Penal de Emergência.* Rio de Janeiro: Lumen Juris, 2010. p. 5. "[...] emergência vai significar aquilo que foge dos padrões tradicionais de tratamento pelo sistema repressivo, constituindo um subsistema de derrogação dos cânones culturais empregados na normalidade."
9. PRADO. Geraldo. *Sistema Acusatório: A conformidade Constitucional das Leis Processuais Penais.* Rio de Janeiro: Lumen Juris, 2006. p. 104.
10. LOPES JR., Aury. *Direito Processual Penal e sua conformidade Constitucional.* Rio de Janeiro: Lumen Juris, 2009. p. 60.

à pessoa humana. Como afirma GOLDSCHMIDT, "o sistema, seja ele acusatório ou inquisitório, se identifica pela regra do jogo, ou seja, as normas que regulamentam o trâmite processual a ser adotado",[11] eis a relevância das regras expostas pelo código.

Nesse período que ora vivemos, denominado contemporâneo do direito, o processo penal, em sua perfeita sintonia com a realidade político-social, prioriza a denominada "jurisdição constitucional das liberdades", na qual não basta enfatizar os direitos protegidos pelo ordenamento jurídico, mas deve-se, efetivamente, respeitá-los, e criar mecanismos de proteção.

Nossa realidade política não condiz com um processo que caminhe em uma direção que proporcione tratamento desigual aos que a ele são submetidos, em que o indivíduo é colocado como objeto do processo[12] refletindo, assim, um verdadeiro Estado totalitário. Muito pelo contrário, desde a promulgação da Constituição de 1988, passamos à era do Estado democrático de Direito ou, como bem define SCARANCE, Estado de direito social.[13] A pessoa humana passa a ser verdadeiro sujeito de direitos, independentemente da fase procedimental em que se encontre (inquérito policial, processo etc.).

Na mesma direção caminha toda ordem jurídica alienígena, buscando, assim, conforme define PIOVESAN, a internacionalização dos direitos humanos.[14] Principalmente no direito latino-americano, com a democratização das instituições políticas e consequentes reformas constitucionais,[15] no qual, por óbvio, e até mesmo de forma tardia, chega

---

11. PRADO, op. cit., p. 104
12. SCARANCE, Antonio. *Processo Penal Constitucional*. São Paulo: RT, 2004. p. 15.
13. Ibid. p. 16.
14. PIOVESAN, Flávia. *Direitos Humanos e Justiça Internacional*. São Paulo: Saraiva. 2007. p. 7
15. "A partir dos anos finais da década de 70, na maior parte desses países iniciou-se processos de democratização do regime político e das instituições, além da consolidação de estados de direito, por meio de realizações de eleições presidenciais diretas e, principalmente, da elaboração de novas constituições comprometidas com o reconhecimento e a garantia dos direitos fundamentais do indivíduo e da

a tão esperada reforma processual penal brasileira (primeiramente com alterações pontuais, como a lei em comento, e, consequentemente, com o PLS nº 156/2009 – denominado novo Código de Processo Penal), sendo certo que o Brasil apresenta-se como um dos poucos países da América do Sul que, após a conquista da democracia, ainda permanece sem editar um novo Código de Processo Penal pós reforma constitucional.[16]

---

coletividade em face do Estado". Descrevendo mais a frente alguns países a titulo ilustrativo que estão no caminho do dito acima que são: Bolívia, Peru, Colômbia. SIQUEIRA e QUITÉRIO citado por CHOUKR. *O relacionamento entre o Ministério Público e a Polícia Judiciária no processo penal acusatório*. Disponível em: <www.mundojuridico.adv.br/cgi-bin/upload/texto019.doc>. Acessado em: 3 jun. 2011.

16. PRADO, op. cit., p. 141.

1.
Prisão processual e princípio da presunção de inocência ou não culpabilidade

A prisão processual, nas palavras de Afrânio JARDIM, não passa de uma *tutela da tutela*,[17] devido à sua inegável natureza acauteladora destinada a assegurar a eficácia da prestação da tutela jurisdicional. A regra em todo o sistema jurídico constitucional é a liberdade,* tendo, em excepcionais situações a privação da liberdade. Via de regra, o indivíduo somente pode ser privado de sua liberdade mediante sentença penal condenatória transitada em julgado. É a denominada *prisão-pena*.

Antes de uma efetiva sentença condenatória alcançada pelos efeitos da coisa julgada, inegavelmente estamos diante de uma situação na qual o acusado é tratado como se inocente fosse, seja pela presunção de inocência ou, pela preferência de alguns em usar outro termo, pela presunção de não culpabilidade, conforme consagra o art. 5º, LVII da CRFB de 1988.

Nos precisos esclarecimentos de Luiz Gustavo Grandinetti Castanho de CARVALHO,

> A Constituição proibiu terminantemente que o acusado fosse considerado culpado antes da sentença judicial transitada em julgado. De outro lado,

---

17. JARDIM, Afrânio Silva. *Direito Processual Penal*. Rio de Janeiro: Forense, 2002. p. 245.

* CRFB 1988: "Art. 5º. Todos são iguais perante a lei, sem distinção de qualquer natureza, garantindo-se aos brasileiros e aos estrangeiros residentes no País a inviolabilidade do direito à vida, liberdade, igualdade, segurança e a propriedade, nos termos seguintes: [...]."

previu e manteve as medidas cautelares de prisão, como o flagrante e a prisão preventiva, como não poderia deixar de fazer, porque instrumentos indispensáveis à proteção do processo e, em certa medida e indiretamente, da sociedade. Não previu, a Constituição, qualquer outro fundamento, para a prisão que estes: a cautelaridade e a pena. Ora, se o acusado não pode ser considerado culpado antes de assim declarado judicialmente, com que título se justifica encarcerá-lo antes da prolação da sentença final fora dos casos permitidos, cautelaridade e pena?[18]

O respeito ao referido princípio, assim como à sua aplicação, não reflete apenas no tratamento inerente à pessoa do indiciado ou acusado quanto à aplicação de medidas cautelares, mas também gera consequências inerentes ao *ônus da prova* no curso do processo, uma vez que cabe a quem acusa afastar a presunção favorável ao indiciado ou acusado para, então, poder se falar em culpa deste, não podendo, em hipótese alguma, transferir, a responsabilidade probatória para a defesa. Eis que ao Ministério Público ou querelante (em caso de ação penal de iniciativa privada) compete provar a existência de uma infração penal, ou seja, não basta a demonstração de mera tipicidade, mas quem efetua a acusação é que deve provar não apenas a tipicidade, mas também que este fato típico, contrário ao ordenamento jurídico (ilicitude), demonstra a culpabilidade do agente. Refuta-se, de forma veemente, a afirmação de que cabe à defesa provar fatos impeditivos, extintivos ou modificativos por ela alegados. Isso por que, quando a acusação logra êxito em provar a existência efetiva de uma infração penal (fato típico, ilícito e culpável) por consequência lógica, afastará toda e qualquer alegação defensiva (justificante ou exculpante), por exemplo, a alegação de uma excludente de ilicitude, pois, se a ilicitude estiver inegavelmente demonstrada, afastada estará qualquer circunstância que a descaracterize. A presunção de inocência reflete no que se refere aos denominados *poderes instrutórios do juiz*, eis que a atividade probatória, como já apontado e sempre continuará sendo lembrado, cabe às partes do processo, não ao juiz. O juiz deve ser e estar inerte, não podendo, em hipótese alguma, tomar parti-

---

18. CARVALHO, L. G. G. C. *Processo Penal e Constituição*. Rio de Janeiro: Lumen Juris, 2009. p. 32.

1. Prisão processual e princípio da presunção de inocência ou não culpabilidade

do dentro do processo. às partes compete produzir provas ou, melhor dizendo, a carga probatória[19] pertence ao autor e ao réu no processo, podendo estes se livrarem ou não dessa carga na busca de uma sentença favorável. Lembrando sempre que à acusação compete a comprovação da autoria da infração penal.

A presunção de inocência remonta a um verdadeiro "dever de tratamento",[20] que jamais pode ser tratado como algo superficial ou mesmo, vez ou outra, ser afastado pelo julgador a fim de impor medida restritiva de direito, ou seja, independentemente da situação em que o suposto autor do fato delituoso se encontre, deverá ser tratado como se inocente fosse até o trânsito em julgado de uma sentença penal condenatória.

De forma clara e explicativa, Aury LOPES JR.,[21] com base na doutrina garantista de Ferrajoli, justifica essa forma de tratamento da seguinte maneira:

> [...] é princípio fundamental de civilidade, fruto de uma opção garantista a favor da tutela da imunidade dos inocentes, ainda que para isso tenha que pagar o preço da impunidade de algum culpável. Isso porque ao corpo social, lhe basta que os culpados sejam geralmente punidos, pois o maior interesse é que todos os inocentes, sem exceção sejam protegidos. Se é verdade que os cidadãos estão ameaçados pelos delitos, também estão ameaçados pelas penas arbitrárias [...].

Dessa forma, a presunção de inocência, não pode e não deve, em hipótese alguma, ser tratada conforme vem sendo, ou mesmo ter o seu sentido desvirtuado pelas alegações de "proteções de criminosos" ou algo parecido.

---

19. LOPES JR., op. cit., p. 43.
20. Ibid., p. 194.
21. Ibid., p. 191.

2.

Da cautelaridade da prisão preventiva: uma exceção à regra que é a liberdade

De acordo com o sistema processual adotada à época da elaboração do CPP, há de se entender a discrepância de tratamento dispensada pelo Código de Processo e pela Constituição. A base axiológica regente na elaboração do CPP de 1941, inevitavelmente pautada em um *sistema inquisitório*, trata a prisão preventiva como verdadeiro instrumento persecutório, e, por consequência lógica, passa a dispensar tratamento de caráter excepcional para a liberdade.

Conforme dito, o sistema atual trazido pela CRFB de 1988 é o acusatório, que tem como base valorativa o respeito aos direitos inerentes à pessoa humana, corroborando com o ensinamento de Eugenio PACELLI[22] ao afirmar que "[...] quanto maior for o saber, ou seja, o conhecimento efetivo sobre aas questões de fato de direito,menor será o abuso do poder [...]". Baseado nesse raciocínio começa a se construir a justificativa da cautelaridade da prisão preventiva, por óbvio, a denominada *análise sumária* dos fatos apresentados, motivadores de um decreto prisional preventivo. Carregam em si uma carga exorbitante de dúvidas quanto ao alegado e decidido, justamente pela falta de aprofundamento do conteúdo fático da questão. Assim, ao falarmos de uma condenação, ou seja, de uma prisão decorrente de sentença condenatória, inevitavel-

---

22. PACELLI, Eugenio. *Comentários ao Código de Processo Penal.* Rio de Janeiro: Lumen Juris, 2010. p. 241.

mente estaremos tratando de uma situação fática, debatida e apresentada exaustivamente no processo, por óbvio, o conhecimento ao conteúdo se apresenta aprofundado, apto a produzir os verdadeiros e justos efeitos inerentes à decisão judicial. A prisão, aqui (caso seja a pena aplicada), deixa de ser cautelar e passa a ser definitiva e justa, respeitando o disposto no art. 5º, LVII, da CRFB ao estabelecer que "ninguém será considerado culpado senão até o trânsito em julgado de sentença penal condenatória". Situação esta, conforme se depreende da afirmação completamente oposta à já afirmada, cognição sumária que significa mera analise superficial das alegações e decisão fundada em dúvidas e incertezas.

O que se deve buscar com a utilização de medidas cautelares, e nesse ponto da matéria, da prisão preventiva, é possibilitar o pleno exercício não só da acusação como também do direito de defesa, garantindo a eficácia do direito de punir (caso ocorra sentença condenatória transitada em julgado) e o direito à ampla defesa e ao contraditório, garantias constitucionais em todos os processos e procedimentos administrativos.

Com isso, antes de se falar em requisitos deve-se, necessariamente, falar nos pressupostos autorizadores da prisão preventiva. O significado da palavra "pressuposto" é supor antecipadamente, presumir algo com fundadas razões para tanto. Assim sendo, necessário se faz para quando determinada pessoa tenha seu direito fundamental à liberdade violado é a presença do denominado *fumus commissi delicti*, ou seja, que a conduta praticada pelo suposto autor tenha, ao menos, aparência de um fato típico, isto é, deve estar, no mínimo, hipoteticamente comprovada a materialidade de conduta criminosa, mesmo porque em caso de decretação ou ocorrência de prisão processual, como se trata de uma decisão que antecipa os efeitos da tutela, é necessário um juízo de probabilidade e não de certeza, já que trata-se de *cognição sumária*. É a exigência de sinais externos como suporte fático real, que por meio de raciocínio lógico permite discernir quanto a prática ou não de um fato típico direcionado a uma pessoa que, baseado nos elementos informativos ou probatórios, a apontem como a suposta autora da conduta típica.[23]

---

23. LOPES JR. Aury. Breves considerações sobre o requisito e fundamento das prisões cautelares. *ITEC* (Instituto Transdisciplinar de Estudos Criminais). Ano II, nº 5, abril/maio/junho 2000. Sustenta ainda o autor a diferenciação de **juízo de possibilidade** e **juízo de**

É importante, contudo, estabelecer um critério firme e seguro para se definir o que vem a ser aparência de crime, ou seja, a materialidade da infração penal, na qual se possa afirmar que alguém hipoteticamente cometeu um crime. É necessário, portanto, fixar o *juízo de probabilidade* dessa cognição sumária, a fim de se evitar os abusos com que vem sendo utilizada a prisão preventiva – uma verdadeira forma antecipatória dos efeitos da condenação violadora de garantias constitucionais.

Outro ponto fundamental a ser caracterizado se dá pelo fundamento ou razão do argumento, que serve de alicerce para concessão do provimento jurisdicional cautelar. Logo, o *periculum libertatis*, que se revela como fundamento do decreto prisional. Necessariamente, para utilização de uma medida cautelar deve-se estar presente algum tipo de ameaça ou perigo ao normal desenvolvimento do processo, sendo necessário demonstrar que a demora e não utilização da medida cautelar acarretará verdadeiro risco ao desenvolvimento do processo ou frustração na efetivação de uma possível sentença penal condenatória. Esse perigo pode se dar, por exemplo, em caso de possível fuga do indiciado ou acusado, e até mesmo da continuação da prática delituosa ou interferência na instrução probatória.

2.1. Ordem pública?

A expressão "garantia da ordem pública" apresenta-se de forma extremamente vaga e de conteúdo indeterminado. Conforme aponta

---

probabilidade: "posto que em sede de cautelar não se pode falar em juízo de certeza". Seguindo a lição de CARNELUTTI existe possibilidade em lugar de probabilidade quando as razões favoráveis ou contrárias à hipótese são equivalentes. O juízo de possibilidade, prescinde da afirmação de um predomínio das razões positivas sobre as razões negativas ou vice e versa. Para o indiciamento seria suficiente um juízo de possibilidade, posto que no curso do processo deve o Ministério Público provar de forma plena, absoluta a culpabilidade do réu. A sentença deve sempre refletir um juízo de certeza para que possa o réu ser condenado. Caso contrário a absolvição é imperativa.

Inobstante para a aplicação de uma medida cautelar pessoal, é necessário mais do que isso, deve existir um juízo de probabilidade, um predomínio das razões positivas. Se a possibilidade basta para a imputação, não pode bastar para a detenção, pois o peso do processo agrava-se notadamente sobre as costas do acusado.

Gustavo BADARÓ[24], a jurisprudência vem utilizando, de forma indiscriminada, a referida expressão para justificar inúmeras situações, tais como periculosidade do réu, perversão do crime, insensibilidade moral do acusado, credibilidade da justiça, clamor público e repercussão da mídia, dentre outras. O mesmo autor, mais à frente complementa de forma brilhante:

> Quando se prende para garantir a "ordem pública" não se está buscando a conservação de uma situação de fato necessária para assegurar a utilidade e a eficácia de um futuro provimento condenatório. Ao contrário, o que se está pretendendo é a antecipação de alguns efeitos práticos da condenação penal. No caso, privar o acusado de sua liberdade, ainda que juridicamente tal situação não seja definitiva, mas provisória, é uma forma de tutela antecipada, que propicia uma execução penal antecipada.

Essa afirmação do autor é por demais acertada, não só pelo alto grau de violação de preceitos constitucionais como também pela verdadeira exposição do retrocesso processual, remetendo aos primórdios inquisitórios que tanto assombram nossos tribunais e muito nos amedrontam por ainda serem utilizados como justificativas para os fins almejados.

---

24. BADARÓ, Gustavo Henrique Righi Ivahy. *Direito Processual Penal*. Tomo II. São Paulo: Campus Jurídico, 2007. p. 143.

3.
Do direito intertemporal

A Constituição Federal, no art. 5º, XL, estabelece que "a lei penal não retroagirá, salvo para beneficiar o réu". Já o Código Penal, no art. 2º, parágrafo único, regulamenta que "a lei posterior que, de qualquer modo favorecer o agente, aplica-se aos fatos anteriores, ainda que decididos por sentença condenatória transitada em julgado".

A lei penal mais favorável resolve os conflitos das leis penais no tempo. Ao se comparar leis diferentes ou sucessivas, que sejam mais benéficas ao réu no caso concreto, seja retroagindo como também ultra--agindo. Por exemplo, pena menor, regime de execução menos rigoroso etc. Sua retroatividade, quando se tratar de lei penal mais favorável, incide também sobre as leis penais em branco, temporárias ou excepcionais, de execução penal ou sobre a jurisprudência.

Em dado momento, a lei processual penal brasileira, por forte corrente doutrinaria não admite a incidência da regra da retroatividade, pois entende-se que a lei processual se aplica aos atos processuais ocorridos no momento de sua vigência. Entretanto, conforme será sustentado, a Constituição Federal de 1988 permite e admite a retroatividade, desde que não prejudique a coisa julgada, mesmo quando se tratar de leis processuais puras.

No entanto, existem normas por natureza mistas, que abrigam tanto as normas penais quanto as processuais. É o caso das que versam sobre os crimes, a pena, a medida de segurança, os efeitos da condenação e até sobre a extinção de punibilidade. Um caso recente é o dos usuários de drogas, que tiveram abrandamento das penas através da Lei nº 11.343/2006, que agora prevê advertência, prestação de serviços e medidas educativas.

Assim, embora se fale em não retroatividade das leis processuais penais, aplicam-se também a elas os princípios regentes da lei penal, de ultratividade e retroatividade da lei mais benigna por se tratar também de regra de direito material. Quanto a leis penais materiais, dúvida não existe quanto à sua permissibilidade de retroagir e alcançar atos pretéritos.

Existem, então, duas regras do direito intertemporal em matéria penal: **a primeira** afirma que a lei penal não retroage, salvo para beneficiar o réu. (art. 2º, parágrafo único, do Código Penal e art. 5º, XL, da Constituição Federal). Se é certo que a regra é a da irretroatividade da lei penal, e isto ocorre por uma questão de segurança jurídico-social, não há de se olvidar a exceção que, se a lei penal for, de qualquer modo, mais benéfica para o seu destinatário, inevitavelmente deverá ser aplicada de forma retroativa aos casos passados.

Outra, a **segunda** regra da lei processual penal, preconizada pelo art. 2º do Código de Processo Penal, define a aplicação imediata *tempus regit actum*. Conforme o art. 2º do CPP, toda lei processual terá aplicação imediata, ou seja, desde o momento do começo de sua vigência terá aplicação aos processos em andamento, não retroagindo pelo disposto nesse artigo.

No entanto, ao se interpretar a Constituição chega-se à conclusão de que esse imediatismo de aplicação da lei processual nova deve ser tratado com ressalvas, uma vez que a regra de retroatividade e ultratividade da lei penal mais benéfica deve ser definitivamente incorporada aos preceitos processuais, mesmo que em se tratando de leis processuais puras, ou seja, aquelas que regulam apenas matéria inerente ao processo. Assim é o posicionamento de LOPES JR.[25]

> Isso porque não há como se pensar o direito penal completamente desvinculado do processo e vice e versa. Recordando o princípio da necessidade,

---

25. LOPES JR. Aury. *Direito Processual Penal*. p. 217.

não poderá haver punição sem lei anterior que preveja o fato punível e um processo que o apure. Tampouco pode haver um processo penal senão para apurar a prática de um fato aparentemente delituoso e aplicar a pena correspondente. Assim, essa íntima relação e interação dá o caráter de coesão do "sistema penal", não permitindo que se pense o direito penal e o processo penal como compartimentos estanques.

Mediante esse raciocínio, e trazendo-o para o contexto do presente trabalho, observa-se que a lei deve cumprir sua função garantidora, e, em caso de norma processual que aumente a proteção das garantias da pessoa humana, não só terá aplicação imediata como também retroativa, alcançando os casos por ela regulados, porém praticados segundo regulamentação anterior, aplicando, *in totum,* os ditames trazidos pela nova legislação. Assim, todas as prisões preventivas decretadas anteriormente à edição da Lei nº 12.403/2011 deveriam ser revistas. Para se aplicar e adequar o ato jurídico aos novos parâmetros processuais, deve-se privilegiar a questão situacional.

Assim sendo, devemos observar que as novas disposições legais inserem-se naquele rol das leis processuais penais mais benéficas (*novatio legis in mellius*), não deixando de lado o *tempus regit actum* apenas reinterpretando o art. 2º do CPP, conforme os preceitos constitucionais em vigor. Deveria ser dada maior amplitude ao que, hoje, se tem como pacífico na jurisprudência, que é a aplicação imediata da lei processual, de modo que alcançasse também os atos já praticados, para um necessário reexame da matéria decidida.

Para o entendimento aqui sustentado, pouco importa a distinção entre norma penal pura, norma processual pura ou norma mista, as quais para a doutrina majoritária e jurisprudência no que se refere ao direito penal material, apenas as penais puras e as penais mistas retroagiriam, alcançando, assim, atos praticados no passado. E as normas processuais puras teriam aplicação imediata daqui para frente. O que esboçamos é que pouco importa a natureza da norma (se material ou processual), o que vale é a necessária observância da função garantidora da lei, ou seja, se for mais benéfica ou protetora de bens jurídicos ou direitos da pessoa humana terá aplicação retroativa, imediata e pró-ativa.

4.
Das alterações trazidas pela Lei nº 12.403/2011

A Lei nº 12.403/2011 regulamenta a redação do art. 306 do CPP, passando a prever expressamente a garantia do inciso LXII do art. 5º da Constituição Federal, determinando a comunicação de uma prisão ao juiz, à família, ao advogado ou à defensoria pública, sem embaraços ou mesmo impedimentos, eliminando definitivamente qualquer forma de incomunicabilidade ainda existente.

Dá também nova redação ao art. 310, estabelecendo o procedimento do juiz ao receber o auto de prisão em flagrante. Deverá este, fundamentalmente: I) relaxar a prisão que for ilegal; II) converter a prisão em flagrante em preventiva; III) conceder liberdade provisória com ou sem fiança.

A nova redação acaba, assim, com a praxe forense de o magistrado se quedar inerte ao ser comunicado de uma prisão em flagrante delito, e também a de manter o indivíduo preso sem que ao menos se decida sobre a mantença da prisão, caso este motivador de verdadeiro constrangimento ilegal.

5.
Título IX – da prisão, das medidas cautelares e da liberdade provisória*

Capítulo I - Disposições Gerais

Do art. 282

Art. 282. As medidas cautelares previstas neste Título deverão ser aplicadas observando-se a:

I – necessidade para aplicação da lei penal, para a investigação ou a instrução criminal e, nos casos expressamente previstos, para evitar a prática de infrações penais;

II – adequação da medida à gravidade do crime, circunstâncias do fato e condições pessoais do indiciado ou acusado.

§ 1º. As medidas cautelares poderão ser aplicadas isolada ou cumulativamente.

§ 2º. As medidas cautelares serão decretadas pelo juiz, de ofício ou a requerimento das partes ou, quando no curso da investigação criminal, por representação da autoridade policial ou mediante requerimento do Ministério Público.

§ 3º. Ressalvados os casos de urgência ou de perigo de ineficácia da medida, o juiz, ao receber o pedido de medida cautelar, determinará a intimação da parte contrária, acompanhada de cópia do requerimento e das peças necessárias, permanecendo os autos em juízo.

---

* Redação anterior: *Da Prisão e da Liberdade Provisória*.

§ 4º. No caso de descumprimento de qualquer das obrigações impostas, o juiz, de ofício ou mediante requerimento do Ministério Público, de seu assistente ou do querelante, poderá substituir a medida, impor outra em cumulação, ou, em último caso, decretar a prisão preventiva (art. 312, parágrafo único).

§ 5º. O juiz poderá revogar a medida cautelar ou substituí-la quando verificar a falta de motivo para que subsista, bem como voltar a decretá-la, se sobrevierem razões que a justifiquem.

§ 6º. A prisão preventiva será determinada quando não for cabível a sua substituição por outra medida cautelar (art. 319).

- Redação anterior: Art. 282. À exceção do flagrante delito, a prisão não poderá efetuar-se senão em virtude de pronúncia ou nos casos determinados em lei, e mediante ordem escrita da autoridade competente.

A nova redação do art. 282 do CPP estabelece que as medidas cautelares previstas em todo o Título IX deverão ser aplicadas observando-se, de forma cumulativa:

- **Necessidade** – no que se refere a este requisito, indubitavelmente constata-se a obrigatoriedade do *periculum libertatis*, anteriormente tratado, com base nos ensinamentos de Aury Lopes Jr. como verdadeiro *fundamento*[26] da medida cautelar. Não se pode admitir, sob pena de afrontar os objetivos da referida alteração legislativa, que sejam determinadas medidas cautelares de forma indiscriminada ou infundada. A necessidade expressamente prevista visa à bloquear o uso desenfreado de medidas excepcionais sem a devida fundamentação ou motivação, deixando claro que o objetivo do Legislativo está em conformidade com os preceitos constitucionais anteriormente comentados.

- **Investigação ou instrução processual** – conforme sustentado alhures, necessário se faz diferenciar *suspeito* (mero juízo de possibilidade de ser, futuramente, indiciado em inquérito policial), *indiciado* (o indivíduo formalmente consta como sujeito de direitos em um inquérito policial) e *acusado* (quando efetivamente existir um processo devidamente instaurado em face de uma pessoa). Logo, apenas pode

---

26. LOPES JR. Aury. Breves Considerações Sobre o Requisito e o Fundamento das Prisões Cautelares. *Informativo ITEC*. Ano II, nº 5, abril/maio/junho 2000.

ser sujeito passível de sofrer uma restrição mediante aplicação de medidas cautelares o *indiciado* ou *acusado*, uma vez que a legislação em vigor é clara ao afirmar no inciso II que: "[...] para a investigação ou a instrução criminal [...]". Dessa forma, aquele que sequer tem contra si uma investigação formalmente instaurada, jamais poderá sofrer constrições cautelares, ou seja, o mero suspeito não pode sofrer a incidência das medidas cautelares expressadas no CPP. É de suma importância um juízo de probabilidade, no mínimo o sujeito deverá estar figurando como indiciado em um inquérito policial, evitando, assim, a aplicação desmedida e desenfreada das medidas cautelares sob, quiçá, o pretexto de afetarem minimamente os direitos e garantias da pessoa humana. Portanto, não pode, jamais, o suspeito ser passível de incidência das medidas cautelares.

- **Tipicidade processual ou princípio da submissão à jurisdição** – pautado nos ensinamentos de FERRAJOLI[27], que sustenta, em sentido estrito, *nullum iudicum, sine acusatione, sine probatione et sine defensione*, que o conjunto dos procedimentos e das garantias de que depende o caráter cognitivo ou declarativo do juízo – exigidos em qualquer tipo de processo, tanto acusatório como inquisitório – a submissão à jurisdição supõe a forma acusatória de processo, ainda que nela não esteja pressuposta. Contudo, assegura a prevenção das vinganças e das penas privadas. Dessa forma, definitivamente, não existe o chamado poder geral de cautela ou mesmo cautelares inominadas obviamente em pleno respeito às categorias próprias do processo penal, evitando, assim, distorções interpretativas que partem da falsa premissa de aplicação dos institutos processuais civis perante processo penal. Ficando expressamente definido a exigência da demonstração do denominado *fommus comissi delicti*, requisito autorizador de uma medida cautelar, no qual a conduta delituosa deve estar ao menos aparentemente demonstrada.

---

27. FERRAJOLI, Luigi. *Direito e Razão: teoria do garantismo penal*. 2. ed. São Paulo: Revista dos Tribunais, 2006.

- **Efetiva potencialidade de reincidência** – não pode, em hipótese alguma, quer pela gravidade da infração penal quer pelo clamor popular, isoladamente se considerar que o indivíduo deverá ser submetido a uma medida cautelar. Deve-se comprovar e demonstrar, reiteradamente, a efetiva possibilidade da prática criminosa por parte do suposto autor do fato, de modo a se autorizar a necessidade de imposição de medida restritiva de liberdade, a fim de se evitar a possível frustração tanto do processo como também de eventual aplicação da lei penal.

- **Proporcionalidade da medida inerente ao suposto fato praticado** – em decorrência de fervoroso clamor público, a restrição imposta à pessoa humana em nada pode ultrapassar, primeiramente, a necessária e suficiente resposta ao fato hipoteticamente praticado, e em segundo lugar, jamais poderá ser mais gravosa do que a possível pena a ser imposta em caso de condenação penal. O que, na verdade, corriqueiramente se constata nos dias atuais, as pessoas presas durante o curso do processo, que quando muito, caso condenadas, ao final se livram e permanecem soltas pela aplicação do art. 44 do CP e posteriores, que estabelecem a substituição da pena privativa de liberdade por restritiva de direitos, como ocorre nos casos de prática do crime definido no art. 171 do CP (estelionato).

- **Condições pessoais do indiciado ou acusado** – e, por último, mas não menos importante, as condições de caráter pessoal do possível autor da infração penal, que por questões lógicas devem ser levadas em consideração, tais como as condições sociais e as oportunidades não só escolares como de trabalho. E todo e qualquer motivo que possa ter levado a pessoa a envolver-se na prática de uma infração penal.

Menciona, ainda, o artigo comentado, que as respectivas medidas cautelares poderão ser impostas isolada ou cumulativamente, respeitando, assim, a necessidade e a proporcionalidade da medida a ser imposta, que por uma questão óbvia autoriza o magistrado, ao efetuar sua análise do caso, a perceber se a imposição de uma medida cautelar é suficiente ou não. O juiz está autorizado a se limitar a uma medida e também, caso necessário, a impor outra medida de forma cumulativa sem que isso caracterize uma dupla punição pelo mesmo fato (*bis in idem*).

Pecou o legislador ao permitir, de forma desnecessária, os atos de ofício por parte do juiz, mesmo em sede de procedimento administrativo preliminar, o que viola frontalmente o sistema acusatório adotado pela CRFB de 1988. Mesmo porque se discute se até em sede processual poderia o juiz – que deve ser inerte e imparcial – determinar medidas de ofício em substituição à parte acusadora, no caso o Ministério Público ou querelante.

Quanto à possibilidade de requerimento das partes ou, quando no curso da investigação criminal, por representação da autoridade policial ou mediante requerimento do Ministério Público, em nada está errado. Muito pelo contrário, as partes integrantes do procedimento administrativo investigatório preliminar ou do próprio processo é que possuem legitimidade para requerer tais medidas cautelares. No entanto, ao se admitir a decretação de medida cautelar *ex officio* é preciso que se tenha consciência de que só é possível admiti-la durante a fase processual, eis que, antes, no curso de uma investigação criminal, por respeito ao sistema acusatório e aos princípios da inércia do judiciário e da presunção de inocência, o juiz poderá agir apenas mediante a provocação da autoridade policial, do Ministério Público ou da parte integrante no procedimento administrativo investigatório preliminar. Refletindo sobre a diferenciação entre sistema inquisitório e sistema acusatório, conclui-se, ainda, que apenas se alcança um sistema acusatório puro ao se excluir e afastar todo e qualquer resquício do sistema inquisitório. Geraldo PRADO[28] afirma de forma categórica e exemplar o seguinte:

> A função predominante do processo inquisitório consiste na realização do direito penal material. O direito de punir do Estado (ou de quem exerça o poder concretamente) é o dado central, o objetivo primordial). No sistema inquisitório, portanto, os atos atribuídos ao juiz devem ser compatíveis com o citado objetivo. Em linguagem contemporânea, equivale a dizer que o juiz cumpre função de segurança pública no exercício do magistério penal.

---

28. PRADO, op. cit., p. 105-106.

Mais à frente complementa:

Assim, na estrutura inquisitória o juiz "acusa", na acusatória a existência de parte autônoma, encarregada na tarefa de acusar, funciona para deslocar o juiz para o centro do processo, cuidando para preservar a nota de imparcialidade que deve marcar a sua atuação [...] sendo assim, a natureza verdadeiramente acusatória de um princípio processual constitucional demanda, para verificar-se não só a existência de uma acusação (mesmo os procedimentos inquisitoriais podem conviver com uma acusação), mas tanto, e, principalmente, que esta acusação revele uma alternativa de solução do conflito de interesses ou caso penal oposto a alternativa deduzida no exercício do direito de defesa, ambas, entretanto, dispostas a conformar o juízo ou solução, da causa penal.

Brocardo em latim que bem demonstra o aqui sustentado é o *ne procedat judex ex officio*, ou seja, não pode o juiz agir de ofício, ele deve ser provocado. Para isso, existe um órgão acusador ou, excepcionalmente, é deferida ao particular essa incumbência (em caso de ação penal de iniciativa privada). Justamente para preservar a imparcialidade daquela que ao final irá julgar, evitando, assim, possíveis tomadas de juízo precipitadas que certamente afetarão o desfecho final do processo judicial.

Para complementar o que significa o sistema acusatório, alguns pontos essenciais foram destacados pelo prof. Aury LOPES JR.,[29] são eles:

Clara distinção entre acusar e julgar; a iniciativa probatória deve ser das partes; mantém-se o juiz como um terceiro imparcial alheio a labor de investigação e passivo no que se refere a coleta da prova, tanto de imputação como de descargo; tratamento igualitário das partes (igualdade de oportunidade no processo); procedimento é em regra oral (ou predominantemente); plena publicidade de todo o procedimento (ou de sua maior parte); contraditório e possibilidade de resistência (defesa); ausência de uma tarifa probatória, sustentando-se a sentença pelo livre convencimento motivado do órgão jurisdicional; instituição, atendendo a critérios de segurança jurídica (e social) da coisa julgada; possibilidade de impugnar as decisões e o duplo grau de jurisdição.

Em atitude louvável e respeitável aos ditames constitucionais inerentes ao processo penal e a dignidade da pessoa humana, dispõe o § 3º do artigo

---

29. LOPES JR., *Direito Processual Penal*, p. 60.

5. Título IX – da prisão, das medidas cautelares e da liberdade provisória   45

analisado que, "...ressalvados os casos de urgência ou de perigo de ineficácia da medida [...] determinará a intimação da parte contrária...". Isso significa que o juiz, após o recebimento do pedido de medida cautelar, determinará a intimação da parte contrária, acompanhada de cópia do requerimento e das peças necessárias, com o intuito de evitar tomadas de decisões precipitadas e desconformes com os ditames da alteração legislativa.

Não há o devido processo legal sem se respeitar o princípio do contraditório. Entretanto, pertinente se faz a ressalva de que, em caso de extrema necessidade, seja para preservar a aplicação de lei penal ou a efetiva proteção de pessoas ou de provas, que se admita a decretação da medida sem a oitiva do indiciado ou acusado.

Quanto ao conceito de contraditório me socorro novamente dos ensinamentos de Luis Gustavo GRANDINETTI[30] que diz o seguinte:

> Genericamente, contraditório e ampla defesa incluem a possibilidade de contraditar as provas produzidas, contraprovar, tomar conhecimento das alegações da parte contrária, contra alegar, e, finalmente, tomar ciência dos atos e decisões judiciais para poder impugná-los.

Para se justificar atos de ofício praticados pelo juiz fala-se em contraditório diferido ou postergado, ou seja, o chamado "contraditório posterior", no qual, normalmente, se pratica o ato e somente depois, no curso do processo, se defere o direito de se contradizer o que foi dito ou feito. Tal assertiva nada mais é do que uma forma de justificar uma burla ao processo acusatório, frontal violação ao principio do contraditório, pois, conforme o anteriormente exposto, contraditório é a possibilidade de uma pessoa contradizer o que foi dito, ou de contestar o que foi alegado por outra parte com a finalidade de impugnar decisão judicial. Assim, pergunto: como efetivar uma contradita ou impugnar um ato judicial já tomado ou praticado? Enfim, o contraditório deve ser real e efetivo, e isso jamais será alcançado quando o exercício de outrem é cerceado, mesmo que a sua utilização seja permitida posteriormente.

---

30. CARVALHO, Luiz Gustavo Castanho de. *Processo Penal e Constituição*. Rio de Janeiro: Lumen Juris, 2009. p. 146.

Somente em caso de descumprimento de alguma das medidas cautelares impostas, seja ela qual for, mediante requerimento do Ministério Público, de uma das partes ou da autoridade policial, o juiz poderá substituir a medida, impor outra em cumulação ou, após esgotadas todas as possibilidades ou restar infrutífera ou ineficaz a imposição de medidas cautelares ao caso concreto, a prisão preventiva poderá ser decretada nos termos do art. 312, parágrafo único do CPP.

Anteriormente à alteração legislativa, como bem observado por Fauzi Hassan CHOUKR,[31] inexistia uma regulamentação da pretensão cautelar de forma sistemática mediante um processo, gerando, assim, inúmeras arbitrariedades e deficiências de efeitos práticos, por exemplo:

- utilização das medidas cautelares como mecanismo de funcionamento de sistema persecutório;
- utilização demasiada e irresponsável da regra do art. 312 como fundamento legal para validar as medidas tomadas, sem o devido respeito ao processo legal;
- remontagem do direito penal do autor, em detrimento ao direito penal do fato;
- utilização de motivos extraprocessuais para "validar" a utilização das medidas;
- desrespeito ao devido processo legal, como se este fosse utilizado apenas em fase de decisão final ou utilização de recurso;
- adoção desenfreada de medidas determinadas de ofício.

Quanto à questão da reserva de jurisdição, sustentava a doutrina que, devido ao fato de o art. 282 mencionar em sua parte final "[...] ordem escrita de autoridade competente [...]", não pode haver prisão sem prévia determinação judicial, ressalvados os casos de flagrante delito. Entretanto, o referido posicionamento não foi modificado pela não repetição da citada frase na nova redação conferida pela Lei nº 12.403/2011, uma vez que no artigo seguinte está expressa a determinação da necessidade

---

[31] CHOUKR, Fauzi Hassan. *Código de Processo Penal – Comentários consolidados e Crítica Jurisprudêncial*. Rio de Janeiro: Lumen Juris, 2009. p. 454.

de se submeter ao Judiciário a análise e decretação, não só de prisão preventiva como também de qualquer outra medida cautelar.

Do art. 283

Art. 283. Ninguém poderá ser preso senão em flagrante delito ou por ordem escrita e fundamentada da autoridade judiciária competente, em decorrência de sentença condenatória transitada em julgado ou, no curso da investigação ou do processo, em virtude de prisão temporária ou prisão preventiva.

§ 1º. As medidas cautelares previstas neste Título não se aplicam à infração a que não for isolada, cumulativa ou alternativamente cominada pena privativa de liberdade.

§ 2º. A prisão poderá ser efetuada em qualquer dia e a qualquer hora, respeitadas as restrições relativas à inviolabilidade do domicílio.

• Redação anterior: Art. 283. A prisão poderá ser efetuada em qualquer dia e a qualquer hora, respeitadas as restrições relativas à inviolabilidade do domicílio.

Certamente a expressão "prisão processual ou cautelar" trata de gêneros que decorrem de três espécies: a) prisão em flagrante (art. 302); b) prisão temporária (Lei nº 7.960/1989) e c) prisão preventiva (art. 312). Definitivamente, foram afastadas as antigas espécies de prisão processual decorrentes de decisão de pronúncia e, como condição para interposição de recurso de apelação. Estas, diga-se de passagem, foram eliminadas de forma tardia.

A expressão "ordem escrita de autoridade judiciária competente", em decorrência de sentença condenatória transitada em julgado ou no curso da investigação ou do processo, seja em virtude de prisão temporária ou preventiva, se dá em respeito à necessidade de fundamentação e justificação da medida. Apresentando-se como verdadeiro direito do indiciado ou réu.

A regra exposta no § 1º objetiva ressalvar a não aplicabilidade das medidas cautelares às infrações penais cuja pena prevista em abstrato, não tenha previsão, seja isolada ou cumulativa com pena de prisão. Isso porque, conforme já discorrido sobre o princípio da proporcionalidade, não pode haver uma medida cautelar mais gravosa que a própria pena prevista em caso de sentença penal condenatória transitada em julgado. Logo, se assim não fosse, estaria o legislador legitimando situações completamente esdrúxulas, devido ao fato de um processo chegar ao ponto de ser mais cruel e doloroso que a própria pena a ser aplicada.

E o § 2º refere-se à garantia constitucional da inviolabilidade do domicilio, expressamente descrito no art. 5º, XI, da CRFB da seguinte forma:

Art. 5º. Todos são iguais perante a lei, sem distinção de qualquer natureza, garantindo-se aos brasileiros e aos estrangeiros residentes no País a inviolabilidade do direito à vida, à liberdade, à igualdade, à segurança e à propriedade, nos termos seguintes: [...]

XI – a casa é asilo inviolável do indivíduo, ninguém nela podendo penetrar sem consentimento do morador, salvo em caso de flagrante delito ou desastre, ou para prestar socorro, ou, durante o dia, por determinação judicial; [...]

Por óbvio, algumas considerações devem ser feitas para alcançarmos o efetivo significado do termo "domicílio".

Quando estiver se falando de domicílio de pessoa natural, que é o sentido exposto no parágrafo em comento, de acordo como os artigos 70 a 78 do Código Civil, tratar-se-á do lugar onde ela estabelece a sua residência com ânimo definitivo, com o intuito de ali permanecer. Ao se tratar de pessoa jurídica, o domicílio pode ser fixado da seguinte forma:

- da União, o Distrito Federal;
- dos Estados e Territórios, as suas respectivas capitais;
- do Município, o lugar onde funcione a administração municipal;
- das demais pessoas jurídicas, o lugar onde funcionarem as respectivas diretorias e administrações, ou onde elegerem domicílio especial no seu estatuto ou atos constitutivos.

Tendo a pessoa jurídica diversos estabelecimentos, em lugares diferentes, cada um deles será considerado domicílio para os atos nele praticados. Se a administração ou diretoria tiver a sede no estrangeiro, terá por domicílio, no tocante às obrigações contraídas por cada uma das suas agências, o lugar do estabelecimento sito no Brasil a que ela

5. Título IX – da prisão, das medidas cautelares e da liberdade provisória

corresponder. Esse ponto se apresenta relevante devido à possibilidade de um crime ser praticado por pessoa jurídica.

Excepcionalmente, em casos especiais, o domicílio pode se dar da seguinte forma:

- do incapaz, é o mesmo do seu representante ou assistente;
- do servidor público, o lugar em que exercer permanentemente suas funções;
- do militar, onde servir e, sendo da Marinha ou da Aeronáutica, a sede do comando a que se encontrar imediatamente subordinado;
- do marítimo, onde o navio estiver matriculado;
- o do preso, o lugar em que cumprir a sentença.

O agente diplomático do Brasil, que, citado no estrangeiro, alegar extraterritorialidade sem designar onde tem, no país, o seu domicílio, poderá ser demandado no Distrito Federal ou no último ponto do território brasileiro onde o teve.

De acordo com a forma de sua determinação, o domicílio pode ser:

- voluntário, se estabelecido por vontade própria;
- legal ou necessário, se imposto por lei, como nos casos do incapaz (ou do seu representante), do servidor público (onde exerce suas funções), do militar (onde serve ou a sede do comando em que serve), oficiais e tripulantes da marinha mercante (local de matrícula do navio) e do preso (local de cumprimento da sentença);
- convencional, se escolhido entre as partes, para os efeitos de um contrato específico.

Independentemente da forma ou caso de fixação do domicílio, este sempre será inviolável, não podendo, em hipótese alguma ou sob qualquer pretexto, desrespeitar as regras afetas à inviolabilidade domiciliar.

Do art. 284

Art. 284. Não será permitido o emprego de força, salvo a indispensável no caso de resistência ou de tentativa de fuga do preso.

Pautado no princípio da proporcionalidade, já destacado neste trabalho, percebe-se um enorme erro praticado pelas autoridades administrativas no ato de execução de certas decisões judiciais: o uso indiscriminado de força. Na maioria das vezes desnecessária e desmedida, essa ação torna o cumprimento e execução da ordem judicial uma verdadeira *pirotecnia cinematográfica*. Sempre se discutiu o uso das algemas, mas nunca se editou uma lei que regulamente o uso desse instrumento e, por inúmeras vezes, batem às portas do STF reclamações de abuso por parte das autoridades competentes no uso indiscriminado de força e das algemas.

Devido à falta de regulamentação e excessivo número de reclamações, o Supremo Tribunal Federal passou a se valer da denominada súmula vinculante, inserida por meio do art. 103-A da Constituição Federal e vigente desde dezembro de 2004. O referido dispositivo legal tem a função de uniformizar as decisões em questões do âmbito constitucional que já foram amplamente debatidas pela Corte Suprema. Destina-se aos órgãos do Poder Judiciário e aos da administração pública direta e indireta, sejam da esfera federal, estadual ou municipal, proporcionando maior agilidade na tomada de decisões. Corrobora ainda com o princípio da duração razoável do processo, além de diminuir a insegurança jurídica que se estabeleceu frente à grande variedade de decisões emitidas sobre um mesmo assunto. Sua aplicabilidade fica restrita à matérias de direito público e processual.

Assim, o Supremo Tribunal Federal passou editar o seguinte verbete: Súmula Vinculante nº 11:

> Só é lícito o uso de algemas em casos de resistência e de fundado receio de fuga ou de perigo à integridade física própria ou alheia, por parte do preso ou de terceiros, justificada a excepcionalidade por escrito, sob pena de responsabilidade disciplinar, civil e penal do agente ou da autoridade e de nulidade da prisão ou do ato processual a que se refere, sem prejuízo da responsabilidade civil do Estado.

Assim, fica regulamentada, mesmo que de forma parcial, uma ação inerente ao emprego de força, eis que, conforme texto constitucional, o teor de uma súmula vinculante não pode ser descumprido, sob pena de

5. Título IX – da prisão, das medidas cautelares e da liberdade provisória   51

reclamação direta ao Supremo Tribunal Federal, conforme § 3º do art. 103-A da CRFB, que descrevemos *in verbis*.

Art. 103-A § 3º. Do ato administrativo ou decisão judicial que contrariar a súmula aplicável ou que indevidamente a aplicar, caberá reclamação ao Supremo Tribunal Federal que, julgando-a procedente, anulará o ato administrativo ou cassará a decisão judicial reclamada, e determinará que outra seja proferida com ou sem a aplicação da súmula, conforme o caso.

Do art. 285

Art. 285. A autoridade que ordenar a prisão fará expedir o respectivo mandado.

Parágrafo único. O mandado de prisão:

a) será lavrado pelo escrivão e assinado pela autoridade;

b) designará a pessoa, que tiver de ser presa, por seu nome, alcunha ou sinais característicos;

c) mencionará a infração penal que motivar a prisão;

d) declarará o valor da fiança arbitrada, quando afiançável a infração;

e) será dirigido a quem tiver qualidade para dar-lhe execução.

Uma ordem de prisão somente pode ser determinada pelo juiz competente, e essa ordem se insere nas denominadas "cláusulas submetidas à reserva de jurisdição",[32] que visam dar maior segurança aos jurisdicionados. É importante frisar que a definição de juiz natural não se satisfaz pelo simples fato de uma ordem ser determinada por um juiz de direito, mas é necessário que esse juiz (leia-se órgão jurisdicional) seja previamente definido como o competente para o ato, evitando, assim, a criação dos denominados "juízos de exceção".

A Convenção Americana de Direitos Humanos (Pacto de São José da Costa Rica) consagra a respectiva regra do "juiz natural" em seu art. 8, nº 1 ao afirmar que:

> Toda pessoa tem direito a ser ouvida, com as devidas garantias e dentro de um prazo razoável, por um juiz ou tribunal competente, independente e

---

32. OLIVEIRA, Eugenio Pacelli; FISHER, Douglas. *Comentários ao Código de Processo Penal e sua Jurisprudência*. Rio de Janeiro: Lumen Juris, 2010. p. 552.

imparcial, estabelecido anteriormente pela lei, na apuração de qualquer acusação formulada contra ela, ou para que se determinem seus direitos ou obrigações de natureza civil, trabalhista, fiscal ou de qualquer outra natureza.

O que não se pode admitir é o afastamento do respectivo juiz natural sob a alegação de urgência para pleitear perante juízos incompetentes a determinação de medidas cautelares e inclusive de prisão preventiva, por exemplo, se valer do plantão judiciário para requerimentos de prisão preventiva. Ora, se assim for de nada adiantaria toda essa regulamentação, e muito menos adiantaria o juiz natural, que se limitaria a validar ou não atos praticados por juízes incompetentes.

A assinatura da autoridade judicial é verdadeiro ato de validação da ordem, pois sem ela faltaria exequibilidade, deixando sem efeito o que estiver escrito no mandado. Tanto a identificação da autoridade competente para determinar o ato como a da pessoa sob a qual recaia a medida de restrição da liberdade, de forma inequívoca deverão estar discriminadas, de forma a identificá-las sem qualquer dúvida, uma vez que restando dúvida, também haverá duvida quanto à validade do ato a ser praticado.

Por uma questão óbvia, aquele que estiver tendo sua liberdade restringida possui, inegavelmente, o direito de saber o porquê e, em respeito a esse direito, que o mandado contenha a descrição fática daquilo que gerou a expedição da respectiva ordem.

Quanto à possibilidade de haver direito ao arbitramento de fiança, justamente por se entender que se trata de um direito é que não se pode deixar para depois a sua aplicação, mesmo por que não há que se falar em concessão. A fiança não deve ser deferida por merecimento ou não, é direito da pessoa humana, logo, deve-se fazer valer de plano. Por esse motivo existe a determinação legislativa de, nos casos de aplicação, vir previamente estipulada no corpo do mandado de prisão.

Do art. 286

Art. 286. O mandado será passado em duplicata, e o executor entregará ao preso, logo depois da prisão, um dos exemplares com declaração do dia, hora e lugar da diligência. Da entrega deverá o preso passar recibo no

5. Título IX – da prisão, das medidas cautelares e da liberdade provisória   53

outro exemplar; se recusar, não souber ou não puder escrever, o fato será mencionado em declaração, assinada por duas testemunhas.

Essa determinação representa um verdadeiro *modus operandi* da efetivação da prisão, respeitando, assim, o direito de ciência para que o indiciado ou suspeito, de forma clara e objetiva, tenha como se manifestar quanto ao teor do mandado, seja perante inquérito policial ou processo judicial.

Os registros de horário, dia, hora e lugar da diligência são de fundamental importância, tanto para o controle quanto para o cumprimento do respeito aos limites impostos pela legislação para execução do mandado de prisão, que deve ser praticado de forma, momento e lugar corretos.

Situação importantíssima é a cientificação do indiciado ou acusado preso carente de qualquer habilidade de leitura ou escrita. Não se pode privar dessas pessoas o mesmo direito de entendimento do ocorrido que os demais possuem. Para tanto, criou-se o mecanismo descrito no artigo para respeitá-los, exigindo-se a presença de, no mínimo, duas testemunhas que relatem o corrido, como condição de validade do ato prisional.

Do art. 287

Art. 287. Se a infração for inafiançável, a falta de exibição do mandado não obstará à prisão, e o preso, em tal caso, será imediatamente apresentado ao juiz que tiver expedido o mandado.

O posicionamento de PACELLI[33] quanto à razoabilidade da referida norma, afirma que, de acordo com as evoluções tecnológicas, deve-se atentar para a comunicação virtual. Já CHOUKR[34] afirma desconhecer o uso constante do artigo em comento por duvidar de sua operacionalidade perante as regras inerentes ao respeito à dignidade da pessoa humana, abrindo, assim, a possibilidade de ocorrência de verdadeiras burlas aos direitos das pessoas com alegações infundadas e não comprovadas naquele momento do cumprimento do ato.

---

33. Ibid., p. 554.
34. CHOUKR, op. cit., p. 470.

Logo, não se pode negar a possibilidade e a simplificação dos meios de comunicação eletrônicos, devendo-se, sim, aceitar a utilização desses mecanismos de comunicação como idôneos para troca de informações, atentando apenas para a necessária validação e certificação da idoneidade das informações e de quem as transmite, para evitar possíveis erros brutais, violadores dos direitos da pessoa humana.

Do art. 288

Art. 288. Ninguém será recolhido à prisão, sem que seja exibido o mandado ao respectivo diretor ou carcereiro, a quem será entregue cópia assinada pelo executor ou apresentada a guia expedida pela autoridade competente, devendo ser passado recibo da entrega do preso, com declaração de dia e hora.

Parágrafo único. O recibo poderá ser passado no próprio exemplar do mandado, se este for o documento exibido.

Regra direcionada exclusivamente a situação de ordem administrativa, na qual os agentes públicos, por estarem vinculados aos ditames legais, devem observar estritamente o exposto nas regras procedimentais.

Sendo certo que, no cumprimento de uma ordem de prisão preventiva, deve ser passado recibo como forma de formalização da prisão e, posteriormente, o recibo deve ser, obrigatoriamente, passado também ao diretor do presídio em caso de prisão pena, decorrente de sentença condenatória transitada em julgado.

Do art. 289

Art. 289. Quando o acusado estiver no território nacional, fora da jurisdição do juiz processante, será deprecada a sua prisão, devendo constar da precatória o inteiro teor do mandado.

§ 1º. Havendo urgência, o juiz poderá requisitar a prisão por qualquer meio de comunicação, do qual deverá constar o motivo da prisão, bem como o valor da fiança se arbitrada.

§ 2º. A autoridade a quem se fizer a requisição tomará as precauções necessárias para averiguar a autenticidade da comunicação.

§ 3º. O juiz processante deverá providenciar a remoção do preso no prazo máximo de 30 (trinta) dias, contados da efetivação da medida.

- Redação anterior: Art. 289. Quando o réu estiver no território nacional, em lugar estranho ao da jurisdição, será deprecada a sua prisão, devendo constar da precatória o inteiro teor do mandado. – Parágrafo único. Havendo urgência, o juiz poderá requisitar a prisão por telegrama, do qual deverá constar o motivo da prisão, bem como, se afiançável a infração, o valor da fiança. No original levado à agência telegráfica será autenticada a firma do juiz, o que se mencionará no telegrama.

O mencionado artigo fala dos casos denominados pela doutrina de jurisdição horizontal, na qual, por óbvio, o juiz não pode praticar ato ou determinar diligências na esfera de competência de outro juiz. Assim sendo, o procedimento adequado é a precatória, forma pela qual um juiz solicita a outro a execução de um ato. O §1º relata uma situação de urgência, onde a comunicação que deve ser feita via precatória, pode ser feita por qualquer meio de comunicação. No entanto, há de se observar todas as regras contidas no artigo anterior para se evitar abusos e erros quanto à execução do ato, sendo necessária a certificação da idoneidade não apenas das informações constantes, mas também da pessoa que as transmite, de modo a não inibir a autoridade deprecada de averiguar a procedência da solicitação que lhe for enviada, pois se assim não fizer e, em decorrência disso cometer equívocos, responderá pela conduta praticada.

Fato novo é a determinação de transferência do preso, em 30 dias, contados a partir da data da efetivação da prisão. Há de se entender que o não cumprimento do prazo estabelecido acarretará constrangimento ilegal, passível de relaxamento da prisão. Eis que, muitas vezes ocorrem casos em que a pessoa é presa em território alheio ao determinado em seu mandado de prisão, mas fica à disposição do juízo que mandou prender sob a responsabilidade de um juiz que nada tem a ver com o caso. Embora seja notório o conhecimento de que faltam recursos operacionais e administrativos para a efetivação do que determina o referido artigo, não é justo que o indivíduo preso arque com o ônus e consequências dessa escassez de recursos. Assim, não sendo respeitado o prazo de 30 dias, como dito, passa a prisão a ser considerada ilegal por violação do artigo em estudo, devendo ser relaxada imediatamente.

Do art. 289-A

Art. 289-A. O juiz competente providenciará o imediato registro do mandado de prisão em banco de dados mantido pelo Conselho Nacional de Justiça para essa finalidade.

§ 1º. Qualquer agente policial poderá efetuar a prisão determinada no mandado de prisão registrado no Conselho Nacional de Justiça, ainda que fora da competência territorial do juiz que o expediu.

§ 2º. Qualquer agente policial poderá efetuar a prisão decretada, ainda que sem registro no Conselho Nacional de Justiça, adotando as precauções necessárias para averiguar a autenticidade do mandado e comunicando ao juiz que a decretou, devendo este providenciar, em seguida, o registro do mandado na forma do caput deste artigo.

§ 3º. A prisão será imediatamente comunicada ao juiz do local de cumprimento da medida o qual providenciará a certidão extraída do registro do Conselho Nacional de Justiça e informará ao juízo que a decretou.

§ 4º. O preso será informado de seus direitos, nos termos do inciso LXIII do art. 5º da Constituição Federal e, caso o autuado não informe o nome de seu advogado, será comunicado à Defensoria Pública.

§ 5º. Havendo dúvidas das autoridades locais sobre a legitimidade da pessoa do executor ou sobre a identidade do preso, aplica-se o disposto no § 2º do art. 290 deste Código.

§ 6º. O Conselho Nacional de Justiça regulamentará o registro do mandado de prisão a que se refere o caput deste artigo.

A nova lei incrementou o art. 289-A, dispondo que o juiz competente providenciará o imediato registro do mandado de prisão em banco de dados mantido pelo Conselho Nacional de Justiça, devendo o Conselho regulamentar este registro. Essa nova disposição legal permite que qualquer agente policial possa efetuar a prisão determinada no mandado de prisão, desde que registrado no Conselho Nacional de Justiça, ainda que fora da competência territorial do juiz que o expediu.

Mesmo assim, conforme já analisado anteriormente, qualquer agente policial poderá efetuar a prisão decretada, ainda que sem registro no Conselho Nacional de Justiça. Para isso, basta que adote as precauções necessárias para averiguar a autenticidade do mandado e comunique ao juiz que o decretou. Este deverá providenciar, em seguida, o registro do mandado.

5. Título IX – da prisão, das medidas cautelares e da liberdade provisória 57

Dessa forma, toda e qualquer prisão efetuada será imediatamente comunicada ao juiz do local, este providenciará a certidão extraída do registro do Conselho Nacional de Justiça e informará ao juízo que a decretou. Caso o autuado não informe o nome de seu advogado, a prisão deve ser comunicada à Defensoria Pública imediatamente, salvo se o preso constituir advogado e, no ato de sua prisão, comunicá-lo para que tome as medidas cabíveis.

Do art. 290

Art. 290. Se o réu, sendo perseguido, passar ao território de outro município ou comarca, o executor poderá efetuar-lhe a prisão no lugar onde o alcançar, apresentando-o imediatamente à autoridade local, que, depois de lavrado, se for o caso, o auto de flagrante, providenciará para a remoção do preso.

§ 1º. Entender-se-á que o executor vai em perseguição do réu, quando:

a) tendo-o avistado, for perseguindo-o sem interrupção, embora depois o tenha perdido de vista;

b) sabendo, por indícios ou informações fidedignas, que o réu tenha passado, há pouco tempo, em tal ou qual direção, pelo lugar em que o procure, for no seu encalço.

§ 2º. Quando as autoridades locais tiverem fundadas razões para duvidar da legitimidade da pessoa do executor ou da legalidade do mandado que apresentar, poderão pôr em custódia o réu, até que fique esclarecida a dúvida.

Esse artigo define o que, na prática, normalmente se confunde quando se fala em competência. Certamente que o lugar da prisão não guarda necessariamente qualquer tipo de relação com o lugar da infração penal. Isto é, independentemente da localidade em que o indivíduo seja preso em flagrante delito, a autoridade local poderá prendê-lo, providenciando a sua remoção. E esse ato nada interfere na fixação da competência jurisdicional, que será determinada pelas regras previstas no art. 70 e seguintes do CPP.

Atente-se apenas para a diferenciação entre prisão em flagrante delito (que dispensa ordem escrita prévia) e prisão por ordem escrita, pois esta apenas será cumprida, conforme já explicado, mediante precatória ou outro meio de comunicação que respeite os ditames legais exigidos.

Situação completamente esdrúxula trazida pela alteração legislativa é a possibilidade legal de se pôr uma pessoa em custódia por meras dúvidas quanto ao emissor da ordem de prisão. Ora, tal conduta é inadmissível, uma vez que compete à autoridade local averiguar a procedência da ordem de prisão e as suas formalidades, e somente após a certeza de sua veracidade e legalidade é que poderá executar a respectiva ordem privativa de liberdade. Nunca se poderá prender para, depois, averiguar, pois essa situação afronta de forma gritante todos os ditames constitucionais, já que cria uma hipótese de prisão fora de flagrante delito e sem a devida formalidade inerente à prisão preventiva. Verdadeira prisão para mera averiguação. Inadmissível.

Do art. 291

Art. 291. A prisão em virtude de mandado entender-se-á feita desde que o executor, fazendo-se conhecer do réu, lhe apresente o mandado e o intime a acompanhá-lo.

Regra criada apenas para confirmar o que já foi dito nos artigos anteriores e que serão reafirmadas nos posteriores.

Do art. 292

Art. 292. Se houver, ainda que por parte de terceiros, resistência à prisão em flagrante ou à determinada por autoridade competente, o executor e as pessoas que o auxiliarem poderão usar dos meios necessários para defender-se ou para vencer a resistência, do que tudo se lavrará auto subscrito também por duas testemunhas.

O indivíduo que reage a ordem de prisão legalmente amparada não está exercendo direito algum. Logo, não existe amparo legal para se autorizar que uma pessoa, repito, presa legalmente, conforme os ditames e formalidades legais se oponha à ordem, inclusive poderá agravar sua posição.

Não há que se falar que uma pessoa possui o direito de fugir. Não se pode admitir que um indivíduo resista e não queira se submeter à uma ordem judicial legal, de acordo com os ditames da legislação em vigor.

Do art. 293

Art. 293. Se o executor do mandado verificar, com segurança, que o réu entrou ou se encontra em alguma casa, o morador será intimado a entregá-lo, à vista da ordem de prisão. Se não for obedecido imediatamente, o executor convocará duas testemunhas e, sendo dia, entrará à força na casa, arrombando as portas, se preciso; sendo noite, o executor, depois da intimação ao morador, se não for atendido, fará guardar todas as saídas, tornando a casa incomunicável, e, logo que amanheça, arrombará as portas e efetuará a prisão.

Parágrafo único. O morador que se recusar a entregar o réu oculto em sua casa será levado à presença da autoridade, para que se proceda contra ele como for de direito.

Conforme se depreende do art. 5º, XI da Constituição Federal de 1988, o domicílio é asilo inviolável, ninguém nela podendo penetrar sem consentimento do morador, salvo nos seguintes casos:

- quando autorizado, independente do horário;
- em flagrante delito, em qualquer horário;
- prestação de socorro, a qualquer horário;
- ordem escrita, apenas durante o dia, que compreende o horário entre 6h e 18h.

Dessa forma, embora seja o domicílio inviolável, existem as exceções descritas. Assim, em caso de haver em uma residência determinada pessoa contra a qual exista mandado de prisão, respeitadas as regras já descritas, pode a autoridade competente adentrar a residência no intuito de efetivar a prisão.

O proprietário do domicílio que abriga pessoa com ordem prisão ou em flagrante delito deverá ser encaminhado à autoridade competente para averiguação, podendo, inclusive, esse morador responder por crime de desobediência e favorecimento pessoal.

Como no período noturno a casa não pode ser violada, salvo em casos de socorro por desastre ou flagrante delito, deve a autoridade competente, para fins de efetuar a prisão, deixar a residência incomunicável e inacessível, aguardando o horário permissivo para adentrá-la.

Do art. 294

Art. 294. No caso de prisão em flagrante, observar-se-á o disposto no artigo anterior, no que for aplicável.

No caso de uma pessoa se encontrar em flagrante delito no interior de uma residência, poderá a autoridade competente adentrar o imóvel e fazer cessar a infração que está sendo praticada, efetivando a prisão do autor.

No entanto, se o crime tiver sido praticado fora da residência e, no ato de perseguição, o flagrante ainda se enquadrar nas hipóteses do art. 302, III ou IV do CPP, o executor do mandado também poderá adentrar a residência para efetivar a prisão, eis que o indivíduo ainda se encontra enquadrado em um das modalidades de flagrante delito, seja indireto ou presumido.

Situação diversa se dá quando a pessoa, ao praticar uma infração penal, se esconde no interior de uma residência. Nessa situação deverá ser observado o disposto no artigo anterior para não haver ilegalidade na efetivação da prisão em flagrante.

Do art. 295

Art. 295. Serão recolhidos a quartéis ou a prisão especial, à disposição da autoridade competente, quando sujeitos a prisão antes de condenação definitiva:

I – os ministros de Estado;

II – os governadores ou interventores de Estados ou Territórios, o prefeito do Distrito Federal, seus respectivos secretários, os prefeitos municipais, os vereadores e os chefes de Polícia;

III – os membros do Parlamento Nacional, do Conselho de Economia Nacional e das Assembleias Legislativas dos Estados;

IV – os cidadãos inscritos no "Livro de Mérito";

V – os oficiais das Forças Armadas e os militares dos Estados, do Distrito Federal e dos Territórios;

VI – os magistrados;

VII – os diplomados por qualquer das faculdades superiores da República;

VIII – os ministros de confissão religiosa;

5. Título IX – da prisão, das medidas cautelares e da liberdade provisória

IX – os ministros do Tribunal de Contas;
X – os cidadãos que já tiverem exercido efetivamente a função de jurado, salvo quando excluídos da lista por motivo de incapacidade para o exercício daquela função;
XI – os delegados de polícia e os guardas-civis dos Estados e Territórios, ativos e inativos.

§ 1º. A prisão especial, prevista neste Código ou em outras leis, consiste exclusivamente no recolhimento em local distinto da prisão comum.

§ 2º. Não havendo estabelecimento específico para o preso especial, este será recolhido em cela distinta do mesmo estabelecimento.

§ 3º. A cela especial poderá consistir em alojamento coletivo, atendidos os requisitos de salubridade do ambiente, pela concorrência dos fatores de aeração, insolação e condicionamento térmico adequados à existência humana.

§ 4º. O preso especial não será transportado juntamente com o preso comum.

§ 5º. Os demais direitos e deveres do preso especial serão os mesmos do preso comum.

Conforme artigo de Anildo Fábio de ARAÚJO[35], apesar de o art. 5º da Constituição da República consagrar o princípio da igualdade, estabelecendo que "todos são iguais perante a lei, sem distinção de qualquer natureza", o Código de Processo Penal e a legislação extravagante conferem a certas pessoas o direito à prisão especial, ou seja, o privilégio de ficar preso em cela ou estabelecimento penal diverso do cárcere comum até o julgamento final ou o trânsito em julgado da decisão penal condenatória.

A prisão especial é concedida às pessoas que pela relevância do cargo, função, emprego ou atividade desempenhada na sociedade nacional, regional ou local ou pelo grau de instrução estão sujeitas à prisão cautelar decorrente de infração penal. Alcança ainda, autoridades civis e militares dos três poderes da República (Executivo, Legislativo e Judiciário). Pode ser relacionada com a natureza do crime, a qualidade da pessoa e a fase do processo.

Os beneficiados, mediante prisão cautelar, nas três modalidades, serão recolhidos em quartéis ou celas especial, distinta dos presos co-

---
35. ARAUJO, Anildo Fabio de. *Prisão especial*. Jus Navigandi, Teresina, ano 4, n. 37, 1 dez. 1999. Disponível em: <http://jus.uol.com.br/revista/texto/1091>. Acesso em: 19 jun. 2011.

muns. Assim as seguintes pessoas terão o privilégio, com um rol mais extenso do que o descrito no artigo:

a) Ministros de Estado e do Tribunal de Contas da União;
b) Senadores, deputados federais, estaduais, territoriais e distritais;
c) Governadores ou interventores dos estados, dos territórios, do Distrito Federal e seus respectivos secretários;
d) Prefeito municipal e vereadores (Lei nº 3.181, de 11.6.1957);
e) Magistrados e juízes de paz (arts. 33, III, e 112, § 2º, respectivamente, da Lei Complementar nº 35, de 14.3.1979);
f) Advogados e procuradores (art. 89, V, da Lei nº 4.215, de 27.4.1963, substituído pelo art. 6º, V, da Lei nº 8.906, de 5.7.1995), defensores públicos (art. 44, III, da Lei Complementar nº 80, de 12.1. 1994), e membros do Ministério Público (art. 18, II, "e", da Lei Complementar nº 75,de 20.5.1993; e art. 40, V, da Lei nº 8.625, de 12.2.1993);
g) Dirigentes e empregados, eleitos, dos sindicatos (Lei nº 2.860, de 31.8.1966);
h) Delegados de polícia e policiais civis;
i) Líderes religiosos;
j) Jornalistas profissionais (art. 66, da Lei nº 5.250, de 9.2.1967), em qualquer caso;
k) Oficiais das Forças Armadas, da Polícia Militar e do Corpo de Bombeiros;
l) Oficiais da Marinha Mercante (Lei nº 799, de 1º.9.1949 e Lei nº 5.606, de 9.9.1970);
m) Pilotos de aeronaves mercantes nacionais (Lei nº 3.988, de 24.11.1961);
n) Professores de primeiro e segundo graus (Lei nº 7.172, de 14.12.1983);
o) Diplomados por faculdades superiores do Brasil;
p) Cidadãos inscritos no "Livro do Mérito", desde que a inscrição não esteja cancelada (Decreto-Lei nº 1.706, de 27.10.1939);

q) Cidadãos que já tiverem exercido efetivamente a função de jurado do Tribunal do Júri (art. 437, CPP); ou a de membro do Conselho Tutelar da Criança e do Adolescente (art. 135, da Lei nº 8.069, de 13.7.1990).

r) Vogais e suplentes, juízes e ministros classistas da Justiça do Trabalho (art. 665, da CLT);

s) Funcionário da administração da justiça criminal (arts. 84, § 2º, e 106, § 3º, da Lei de Execução Penal – Lei nº 7.210, de 11.7.1984);

t) Comerciantes, sendo a aplicação facultada ao juiz criminal.

O art. 5º, inciso XLVIII, da Constituição Federal de 1988, garante que "a pena será cumprida em estabelecimentos distintos, de acordo com a natureza do delito, a idade e o sexo do apenado". Portanto, se a prisão definitiva deve ser cumprida em estabelecimentos diversos, de acordo com alguma peculiaridade do indivíduo, compreende-se que a prisão cautelar, incluída nesta a especial, também pode ser cumprida em locais diferentes.

De acordo com o Estatuto da Criança e do Adolescente (art. 123, da Lei nº 8.069, de 13.7.1990), os menores de 18 (dezoito) anos, que praticarem ato infracional, em que seja cominada a medida de internação, deverá cumpri-la em entidade destinada exclusivamente para adolescentes, em local distinto daquele destinado ao abrigo, obedecida rigorosa separação por critérios de idade, compleição física e gravidade da infração.

A Lei de Execução Penal (Lei nº 7.210, de 11.7.1984) estabelece que:

a) a mulher será recolhida a estabelecimento próprio e adequado à sua condição pessoal; (art. 82, § 1º);

b) o mesmo conjunto arquitetônico poderá abrigar estabelecimentos de destinação diversa desde que devidamente isolados; (art. 82, § 2º);

c) o preso provisório ficará separado do condenado por sentença transitada em julgado; (art. 84, *caput*);

d) o preso primário cumprirá pena em seção distinta daquela reservada para os reincidentes; (art. 84, § 1º).

e) o preso que, ao tempo do fato, era funcionário da administração da justiça criminal ficará *em dependência separada;* (art. 84, § 2º).

Ocorre que a prisão especial no Brasil é um assunto que gera bastante divergência entre os cidadãos e também entre os doutrinadores. De um lado, ela é considerada por alguns como um ato inconstitucional e uma forma de privilegiar parte da sociedade. Outros entendem que ela não passa de mera forma de execução da prisão cautelar. A prisão especial é, portanto, uma modalidade de prisão constitucionalmente admitida para garantir um melhor exercício da jurisdição, privilegiando determinadas pessoas[36].

O professor Fernando da costa TOURINHO FILHO[37] rejeita a extinção da prisão especial, como se pode ver na passagem do seu livro, abaixo transcrito:

[...] o Governo deveria construir estabelecimentos distintos dos prisionais para todos os que possuem presos provisoriamente. Se tal não for possível, a pessoa presa provisoriamente, dês que faça jus à prisão especial, dependendo dos antecedentes, deve sujeitar-se à prisão domiciliar. Mas, se o desejo do legislador é fazer observar os princípios de que todos são iguais perante a lei, é hora de serem extintos alguns privilégios, tais como transporte aéreo gratuito, Correios e Telégrafos, moradia, veículos à custa dos cofres públicos etc. Mais ainda: aqueles privilégios de não poderem senadores, deputados federais e estaduais, membros da Magistratura, do Ministério Público e Advogados inscritos na OAB ser presos em flagrante salvo as hipóteses de crimes inafiançáveis... Que se extingam tais privilégios. Quanto à prisão especial, não, por não ser regalia, como não o é o foro pela prerrogativa de função.

Já o também doutrinador Eugenio Paccelli OLIVEIRA[38] apresenta-se de forma favorável à sua extinção por considerá-la inconsti-

---

36. OLIVEIRA, Felipe Silva Alves. *A prisão especial face ao anteprojeto do novo Código de Processo Penal*. Jurisway.org.br. Disponível em: <http://www.jurisway.org.br/v2/dhall.asp?id_dh=5810>. Acessado em: 19 jun. 2011.
37. TOURINHO FILHO, Fernando da Costa. *Processo Penal*. 23. ed. São Paulo: Saraiva, 2001. v. 3, p. 468.
38. OLIVEIRA, op. cit., p. 564.

5. Título IX – da prisão, das medidas cautelares e da liberdade provisória

tucional e achar que é contrária ao princípio da igualdade, conforme passagem da sua obra adiante:

> Não vemos razão alguma para o tratamento diferenciado entre pessoas, iguais por definição constitucional, por ocasião de imposição de regras de restrição de direitos e liberdades públicas. As prisões antes do transito em julgado somente se justificam em razões cautelares, como medida indispensável para a preservação da eficácia da intervenção penal estatal e acautelamento da segurança coletiva.

O correto seria garantir prisão especial, ou seja, um lugar separado dos condenados a todo e qualquer brasileiro que, sem ter experimentado a condenação definitiva, não deveria ser misturado aos criminosos, mormente aos perigosos. Entretanto, faz a lei uma discriminação injusta e elitista. Por mais que se argumente que determinadas pessoas, por deterem diploma de curso superior ou qualquer outra titulação muitas vezes não acessíveis ao brasileiro médio, merecem um tratamento condigno destacado porque a detenção lhes é particularmente dolorosa, é fato que qualquer pessoa primária, sem antecedentes, encontra na prisão provisória igual trauma e idêntico sofrimento.

Portanto, diante de posicionamentos contrários, como pudemos ver nos esclarecimentos dos doutrinadores citados, deve-se discutir exaustivamente essa modalidade de prisão para que o novo Código de Processo Penal venha a ser elaborado de forma a buscar a igualdade, a imparcialidade, o respeito e a justiça, acima de tudo.

Com base no novo projeto de lei que busca a reforma do Código de Processo Penal, encontra-se presente em suas várias propostas de modificação a extinção da prisão especial para políticos detentores de cargo eletivo, diplomados por quaisquer das faculdades superiores da República, militares e oficiais das Forças Armadas, além de outros beneficiários previstos no art. 295 do CPP e em leis especiais.

A prisão especial consiste, exclusivamente, no recolhimento em local distinto da prisão comum até o trânsito em julgado da sentença penal condenatória. Caso se concretize a modificação no Código de Processo Penal a sua extinção ocorrerá quase que totalmente, pois esta será ainda concedida aos juízes, aos integrantes do Ministério Público da União e poderá ser aplicada, excepcionalmente, nos casos que envolverem risco de vida ou ameaça à integridade física e psíquica do detento, respeitando, assim, o princípio da isonomia sem privilegiar pessoas em razão da função que exercem ou de peculiar situação cultural.

Como previsto no art. 5º da Constituição Federal, "todos são iguais perante a lei, sem distinção de qualquer natureza", portanto, essa forma de prisão tem a intenção de separar os acusados de acordo com a profissão ou nível de escolaridade, o que acaba privilegiando uma classe e mantendo outra sem a mínima dignidade social, pois, hoje, a maioria das celas penitenciárias se encontra em situação insalubre, lotadas e imundas, o que faz com que esse benefício tenha aplicabilidade desigual.

O tratamento conferido aos acusados no que se refere à prisão em cela comum ou especial é uma forma desigual de se tratar o ser humano, especialmente em um país em que a desigualdade social já é predominante, e quem disso se beneficia é a classe alta, na qual se encontram os políticos, magistrados, delegados e os diplomados em curso superior. Nesse cenário, os demais têm restringidos os direitos que deveriam ser igualitários, uma vez que não gozam das mesmas oportunidades.

Do art. 296

Art. 296. Os inferiores e praças de pré, onde for possível, serão recolhidos à prisão, em estabelecimentos militares, de acordo com os respectivos regulamentos.

Conforme legislação especial em vigor, todo fato inerente a crimes e processos afetos à justiça militar possui regulamentação própria (Código Penal Militar e Código de Processo Penal Militar). No entanto, existem crimes militares próprios (que podem ser praticados apenas por militares) e crimes militares impróprios (que podem ser praticados não só por militares como também por um cidadão comum).

Independentemente da modalidade de infração penal praticada pelo militar, tratando-se de prisão cautelar, será o infrator mantido acautelado no estabelecimento prisional afeto à corporação na qual servir.

5. Título IX – da prisão, das medidas cautelares e da liberdade provisória

Ocorre que, caso haja uma sentença penal condenatória transitada em julgado, não mais se justifica a mantença do militar no estabelecimento prisional especial, e este deverá ser encaminhado para o sistema penitenciário como todo e qualquer cidadão comum.

Do art. 297

Art. 297. Para o cumprimento de mandado expedido pela autoridade judiciária, a autoridade policial poderá expedir tantos outros quantos necessários às diligências, devendo neles ser fielmente reproduzido o teor do mandado original.

O importante nesse artigo é a certificação das declarações contidas em um mandado de prisão, suas formalidades e meios de comunicação.

Independentemente se serão expedidos um ou mais, importa que todos deverão estar em conformidade com às formalidades exigidas para alcance de sua finalidade, tudo visando a uma fiel e perfeita consonância do ato com os ditames constitucionais protetores da dignidade da pessoa humana.

Do art. 298

Art. 298. Se a autoridade tiver conhecimento de que o réu se acha em território estranho ao da sua jurisdição, poderá, por via postal ou telegráfica, requisitar a sua captura, declarando o motivo da prisão e, se afiançável a infração, o valor da fiança.

A nova redação desse artigo aparenta ser uma redundância do antigo, uma vez que os preceitos formais nele estabelecidos apenas são reforçados.

Do art. 299

Art. 299. A captura poderá ser requisitada, à vista de mandado judicial, por qualquer meio de comunicação, tomadas pela autoridade, a quem se fizer a requisição, as precauções necessárias para averiguar a autenticidade desta.

- Redação anterior: Art. 299. Se a infração for inafiançável, a captura poderá ser requisitada, à vista de mandado judicial, por via telefônica, tomadas pela autoridade, a quem se fizer a requisição, as precauções necessárias para averiguar a autenticidade desta.

A redação anterior expressava que, nos casos de infração inafiançável, caberia forma de comunicação do respectivo mandado de prisão por meio de telefone. A nova redação foi bem acertada ao regulamentar as hipóteses de cabimento de prisão preventiva, que de agora em diante poderá ser comunicada por qualquer meio de comunicação, não eximindo a autoridade competente da efetiva averiguação da veracidade das informações constantes do mandado.

Do art. 300

Art. 300. As pessoas presas provisoriamente ficarão separadas das que já estiverem definitivamente condenadas, nos termos da lei de execução penal.
Parágrafo único. O militar preso em flagrante delito, após a lavratura dos procedimentos legais, será recolhido a quartel da instituição a que pertencer, onde ficará preso à disposição das autoridades competentes.

- Redação anterior: Art. 300. Sempre que possível, as pessoas presas provisoriamente ficarão separadas das que já estiverem definitivamente condenadas.

A nova redação do artigo 300 foi muito adequada, já que deixa de lado uma mera possibilidade ou alternativa para estabelecer uma determinação legal de separação daqueles que estão presos de forma cautelar dos que se encontram presos em decorrência de sentença penal condenatória transitada em julgado. Conforme exaustivamente sustentado e declarado, essas são situações completamente distintas, já que o preso provisório tem a seu favor, enquanto não declarado culpado, a presunção de inocência, que impede que seja tratado como se culpado fosse.

Capítulo II – Da Prisão em Flagrante

Do art. 301

Art. 301. Qualquer do povo poderá e as autoridades policiais e seus agentes deverão prender quem quer que seja encontrado em flagrante delito.

5. Título IX – da prisão, das medidas cautelares e da liberdade provisória

Em cumprimento ao preceito constitucional descrito no art. 5º, LXI "ninguém será preso senão em flagrante delito ou por ordem escrita e fundamentada de autoridade judiciária competente, salvo nos casos de transgressão militar ou crime propriamente militar, definidos em lei", regula-se a forma de execução de uma prisão excepcional, que sequer exige forma escrita para seu cumprimento.

A prisão em flagrante delito é por demais criticada devido à falta de judicialização e até mesmo de regulamentação, pois como se pode observar, o Código de Processo Penal antes da alteração legislativa se limitava a mencionar que o flagrante será comunicado ao juiz competente, deixando completamente desregulada a referida prisão.

Em tese bastante interessante o prof. LOPES JR[39] citando Carnelutti e Palao, ao sustentar que a prisão em flagrante delito, devido a sua fragilidade e precariedade sequer pode ser considerada uma medida cautelar, na verdade trata-se de uma medida pré-cautelar. Vejamos:

> Como explica CARNELUTTI, a noção de flagrância está diretamente relacionada a "la llama, que denota con certeza la combustión; cuando se ve la llama, es indudable que alguna cosa arde."
>
> Coincide com a possibilidade para uma pessoa de comprová-lo mediante a prova direta. Como sintetiza o mestre italiano a flagrância, na atualidade, não é outra coisa que a "visibilidad del delito".
>
> Esta certeza visual da prática do delito gera a obrigação para os órgãos públicos e a faculdade para os particulares, de evitar a continuidade da ação delitiva, podendo, para tanto, deter o autor.
>
> E porque é feita essa permissão? Exatamente porque existe a visibilidade do delito, o *fumus commissi delicti* é patente e inequívoco e, principalmente, porque essa detenção deverá ser submetida ao crivo judicial no prazo máximo de 24h. Precisamente porque o flagrante é uma medida precária, que não está dirigida a garantir o resultado final do processo é que pode ser praticado por um particular ou pela autoridade policial.
>
> Com este sistema, o legislador consagrou o caráter pré-cautelar da prisão em flagrante. Como explica BANACLOCHE PALAO, o flagrante – ou

---

39. LOPES JR. Aury. *Crimes hediondos e a prisão em flagrante como medida pré-cautelar.* Disponível em: <http://www.juspodivm.com.br/i/a/%7BD481CF49-7650-42A4-A863-3E2A3CF163B1%7D_023.pdf.> Acessado em: 20 jun. 2011.

la detención imputativa – não é uma medida cautelar pessoal, mas sim pré-cautelar, no sentido de que não se dirige a garantir o resultado final do processo, mas apenas destina-se a colocar o detido a disposição do juiz para que adote ou não uma verdadeira medida cautelar. Por isso, o autor afirma que é uma medida independente, frisando o caráter instrumental e ao mesmo tempo autônomo do flagrante.

A instrumentalidade manifesta-se no fato de o flagrante ser um *strumenti dello strumento* – a prisão preventiva; ao passo que a autonomia, explica as situações em que o flagrante não gera a prisão preventiva ou nos demais casos, em que a prisão preventiva existe sem prévio flagrante.

Antes da alteração legislativa, dificilmente um juiz convertia em preventiva ou declarava o direito à liberdade mediante arbitramento de fiança ao receber o comunicado de uma prisão em flagrante. É importante destacar ainda a diferença entre "poderá" e "deverá" efetuar a prisão em flagrante delito. Eis que, embora as autoridades públicas estejam obrigadas a efetuar a prisão em flagrante quando presenciarem um ato delituoso, o particular possui a faculdade de agir sem vinculação e, portanto, não está obrigado a fazer aquilo que compete ao Estado.

Assim, qualquer um do povo "poderá", e toda e qualquer autoridade publica "deverá" efetuar a prisão em flagrante de quem quer que esteja em flagrante delito.

Do art. 302

Art. 302. Considera-se em flagrante delito quem:
I – está cometendo a infração penal;
II – acaba de cometê-la;
III – é perseguido, logo após, pela autoridade, pelo ofendido ou por qualquer pessoa, em situação que faça presumir ser autor da infração;
IV – é encontrado, logo depois, com instrumentos, armas, objetos ou papéis que façam presumir ser ele autor da infração.

A prisão em flagrante por se tratar de medida pré-cautelar, conforme exposto no art. 301. Inegavelmente se refere à medida constritiva da liberdade, levada a cabo no momento em que estiver sendo praticada

5. Título IX – da prisão, das medidas cautelares e da liberdade provisória 71

a infração penal ou logo após sua realização. Conforme entendimento pacificado, a expressão flagrante remonta, portanto, a ideia de delito ainda ardente, queimante, no calor dos acontecimentos.

Conforme mencionado, tal modalidade de prisão cautelar dispensa o mandado de prisão da autoridade judiciária competente, conforme previsão do art. 5º, LXI da CF, possuindo, com isso, natureza de ato administrativo. Tal exceção sustenta-se pela própria natureza da prisão em flagrante, que deverá ocorrer quando o fato delituoso apresentar-se evidente, claro, motivo pelo qual dispensa análise de um magistrado.

Após a realização da prisão em flagrante, os requisitos para sua conversão em preventiva serão analisados pela autoridade judiciária competente, passando aquela medida de ato administrativo para ato jurisdicional.

A prisão em flagrante fundamenta-se em duas finalidades claras e inequívocas, as quais, por si só, configuram motivos razoáveis da dispensa do mandado judicial:

1) de um lado, evita a consumação delitiva ou o aprofundamento dos efeitos danosos do delito;

2) de outro, a prisão do possível autor do delito, bem como da conservação das provas da materialidade e autoria do crime favorecem a atuação da justiça.

Dessa forma, a prisão em flagrante delito influi sobre a certeza das provas e assegura a ação da justiça contra o suposto autor da infração penal, sendo certo ainda que, devido à sua pré-cautelaridade, deverá ser submetida ao crivo da conversão ou não em medida cautelar.

- **Prisão em flagrante obrigatória e facultativa** – num primeiro momento, quanto à obrigatoriedade de sua realização, a prisão em flagrante divide-se em obrigatória e facultativa. Assim, segundo o art. 301 do CPP, "qualquer do povo poderá e as autoridades policiais e seus agentes deverão prender quem quer que seja encontrado em flagrante delito".

A legislação processual penal, portanto, confere a qualquer pessoa a faculdade de efetuar a prisão em flagrante (prisão em flagrante facultativa), ao passo que determina a obrigação das autoridades policiais e seus agentes em prender quem quer que esteja na situação de flagrante delito.

- **As hipóteses de prisão em flagrante** – previstas no art. 302 do CPP, as hipóteses de prisão em flagrante são classificadas em: flagrante próprio (inciso I e II); flagrante impróprio, imperfeito ao quase flagrante (inciso III) e flagrante presumido (inciso IV).

1. Flagrante próprio – são duas as situações classificadas como flagrante próprio.

a) Flagrante próprio descrito no inciso I – segundo o inciso, se encontra em flagrante delito quem "está cometendo a infração penal". Trata-se de típica hipótese de prisão em flagrante, pois o agente é surpreendido durante a execução da infração penal, o que muitas vezes impede a sua consumação, conferindo-se uma importante função de salvaguarda e proteção de bens jurídicos a essa espécie de prisão cautelar. Observe bem, que essa modalidade de prisão em flagrante delito é a que mais retrata a intenção legislativa em definir a flagrância delitiva.

b) Flagrante próprio descrito no inciso II – por esse inciso se considera em flagrante delito quem acaba de cometer uma infração penal. Neste caso, já se aperfeiçoou a execução do delito, porém o momento aponta para evidência da materialidade delitiva e da sua consequente autoria, visto que, pelo teor do presente inciso, a prisão deve ocorrer imediatamente após a prática do crime. Para a configuração dessa modalidade de delito é preciso que se tenha a necessária constatação da ocorrência de uma infração penal, seja a sua consumação ou atos executórios caracterizadores de uma tentativa. Embora exista posicionamento doutrinário no sentido de não caracterizar a modalidade própria de flagrante[40], majorita-

---

40. OLIVEIRA e FISHER, op. cit., p. 574.

riamente se entende que o inciso II se refere, sim, à uma das espécies de flagrante próprio.

2. **Flagrante impróprio ou quase flagrante no inciso III** – considerando-se flagrante delito a situação em que o agente "é perseguido, logo após, pela autoridade, pelo ofendido ou por qualquer pessoa, em situação que faça presumir ser autor da infração", não se trata de típico flagrante, uma vez que nessa hipótese o agente não foi surpreendido no momento da execução do crime, nem imediatamente após o cometimento. Na verdade, no flagrante impróprio a certeza visual do crime é mais precária, exigindo-se mera presunção de autoria gerada pela situação fática.

Confusão doutrinária ocorre ao se definir o significado da expressão "logo após", na qual se faz necessária a perseguição para caracterizar o flagrante impróprio, que pode ser empreendida por policiais ou por qualquer do povo, devendo ser imediata, contínua e ininterrupta. É imprescindível, então, que aconteça a perseguição para se caracterizar o exposto, e mais: mesmo havendo a expressão "faça presumir" no referido inciso, não se trata de modalidade de flagrante presumido, pois este está definido no inciso posterior.

3. **Flagrante presumido no inciso IV** – essa modalidade de flagrante refere-se à seguinte situação: "é encontrado, logo após, com instrumentos, armas, objetos ou papéis que façam presumir ser ele autor da infração". Para que ocorra o denominado "estado flagrancial" é necessário que o indivíduo seja encontrado logo após a prática da infração penal, de posse de instrumentos, armas, objetos ou papéis que façam presumir ser ele o autor da infração, ou seja, ao ser encontrado o indivíduo deve portar algo que faça presumir ser ele o autor da infração. À exemplo do denominado flagrante impróprio, que se vale da expressão "logo após". A modalidade chamada de "flagrante presumido" também possui um requisito temporal, ao exigir que o agente seja encontrado "logo depois" da prática da infração penal.

Essa modalidade de prisão em flagrante dispensa que haja perseguição, sendo este o ponto chave para diferenciação da modalidade de flagrante impróprio, ou seja, em caso da prisão decorrer de uma perseguição, ocorrerá a hipótese de flagrante do inciso III, caso contrário, não havendo perseguição, caracteriza-se o inciso IV. Portanto, é desnecessária a tentativa de distinção entre as expressões "logo após" e "logo depois".

4. **Flagrante diferido, retardado ou controlado** – uma construção doutrinária que, atualmente, possui previsão legal no art. 2º, II, da Lei nº 9.034/1995 com as alterações trazidas pela Lei nº 10.217/2001 (Crime Organizado), e também no art. 53, III, da Lei nº 11.343/2006 (Lei de Entorpecentes). Tal medida configura a possibilidade de a polícia protelar a prisão em flagrante, de modo que esta possa ocorrer em um momento mais oportuno, tanto do ponto de vista da formação de provas quanto para o fornecimento de informações úteis às investigações ou à instrução processual. Essa modalidade flagrante insurgiu-se pela criação do denominado "agente infiltrado", na qual agentes policiais são autorizados a se infiltrarem em organizações criminosas para, então, alcançarem maiores resultados não só nas investigações como também nas prisões a serem efetuadas.

5. **Flagrante preparado ou provocado** – a prisão em flagrante quando o agente é induzido, provocado ou mesmo enganado a praticar uma infração penal, mediante a ação de um terceiro chamado de agente provocador (geralmente um policial infiltrado para efetuar a prisão cautelar), é denominada flagrante preparado ou provocado. Trata-se de crime impossível (art. 17, CP), pois a infração nunca iria atingir a consumação pelas circunstâncias ditas normais, ou seja, o próprio agente que provoca um terceiro a praticar a infração é o mesmo que cuida para que esta jamais se consume, entendimento corroborado pela Súmula nº 145 do Supremo Tribunal Federal, segundo a qual "não há crime quando a preparação do flagrante pela polícia torna impossível a sua consumação".

6. **Flagrante forjado** – em nada se confunde com o flagrante preparado, no qual o delito é praticado por obra de um agente provocador, pois nesse caso o infrator sequer é induzido a praticar o delito. Ele não pratica ato algum que possa ser considerado fato típico, mas o que na verdade ocorre é uma ação incriminadora pela conduta exclusiva de um terceiro, o qual acaba por produzir, implantar ou forjar provas ilícitas de uma eventual infração penal, modalidade esta que afronta o nosso ordenamento jurídico e o Estado democrático de Direito.

7. **Flagrante esperado** – trata-se de modalidade de flagrante delito completamente válido, pois, nesse caso, não há atuação de agente provocador, o que tornaria o crime impossível. Sequer se cogita também a existência de um flagrante forjado por um terceiro, o que causaria hipótese de prisão ilegal. Ao contrário das duas situações, nesse caso a prisão é válida, pois a atuação se dá pelo próprio infrator, que em nenhum momento é induzido, instigado ou a sua conduta é construída de modo montado. Simplesmente, ante a notícia de futura prática de um delito, são tomadas medidas necessárias para a prisão em flagrante, por exemplo, deslocamento de policiais ou vigilância ostensiva.

Do art. 303

Art. 303. Nas infrações permanentes, entende-se o agente em flagrante delito enquanto não cessar a permanência.

A modalidade em que os fatos ocasionam uma situação de dano ou de perigo, e que se prolonga no tempo enquanto perdurar a conduta do agente, é a infração penal comumente conhecida por "crime permanente". Em suma, é aquela cujo momento consumativo se prolonga no tempo segundo a vontade do sujeito ativo da infração penal. Nesses crimes, a situação ilícita permanece, de modo que o agente tem o domínio sobre o momento consumativo. Nesse caso, enquanto não cessar a prática da infração penal, considerar-se-á como se permanecesse se consumando, ou seja, enquanto não cessar a conduta ilícita, o sujeito ativo da infração estará em estado de flagrância.

É importante frisar a diferenciação do chamado crime permanente do crime instantâneo com efeito permanente, uma vez que, nesse último, a prática se dá em um único momento determinado, e o que se prolonga no tempo são os efeitos decorrentes da prática de uma infração delituosa. A consumação já se deu, não mais persiste.

Do art. 304

Art. 304. Apresentado o preso à autoridade competente, ouvirá esta o condutor e colherá, desde logo, sua assinatura, entregando a este cópia do termo e recibo de entrega do preso. Em seguida, procederá à oitiva das testemunhas que o acompanharem e ao interrogatório do acusado sobre a imputação que lhe é feita, colhendo, após cada oitiva suas respectivas assinaturas, lavrando, a autoridade, afinal, o auto.

§ 1º. Resultando das respostas fundada a suspeita contra o conduzido, a autoridade mandará recolhê-lo à prisão, exceto no caso de livrar-se solto ou de prestar fiança, e prosseguirá nos atos do inquérito ou processo, se para isso for competente; se não o for, enviará os autos à autoridade que o seja.

§ 2º. A falta de testemunhas da infração não impedirá o auto de prisão em flagrante; mas, nesse caso, com o condutor, deverão assiná-lo pelo menos duas pessoas que hajam testemunhado a apresentação do preso à autoridade.

§ 3º. Quando o acusado se recusar a assinar, não souber ou não puder fazê-lo, o auto de prisão em flagrante será assinado por duas testemunhas, que tenham ouvido sua leitura na presença deste.

O artigo determina que, uma vez apresentado aquele que foi detido, a autoridade competente ouvirá seu condutor, colhendo, desde logo, a assinatura deste e lhe entregando a cópia do termo e recibo de entrega do preso. Em seguida, as testemunhas serão ouvidas e o detido interrogado sobre o fato motivador da prisão em flagrante, colhendo, após cada oitiva, as respectivas assinaturas, para, ao final, a autoridade policial lavrar o competente auto de prisão em flagrante.

Obviamente, conforme já comentado, no caso de aquele preso em flagrante delito ter o direito de ser liberto mediante pagamento de fiança, deverá a autoridade policial lavrar o termo de fiança, sendo categori-

5. Título IX – da prisão, das medidas cautelares e da liberdade provisória

camente um ato que depende da avaliação discricionária da autoridade policial quanto ao seu arbitramento, uma vez que, conforme já dito, trata-se de verdadeiro direito do indiciado.

O respectivo auto de prisão em flagrante, portanto, deverá ser lavrado pela autoridade policial, sendo competente aquela do local da prisão e não a da localidade do cometimento do crime (conforme previsão e comentários do art. 290 do CPP).

Diz ainda o comentado artigo que, a falta de testemunhas não impedirá o auto de prisão em flagrante; mas, nesse caso, com o condutor, deverão assiná-lo pelo menos duas pessoas que hajam testemunhado a apresentação do preso à autoridade, tudo para validar a conduta da autoridade administrativa.

No que se refere às infrações de menor potencial ofensivo, lavrar-se-á o denominado Termo Circunstanciado, no qual, de forma resumida, a autoridade policial colherá o relato dos envolvidos e testemunhas e encaminhará imediatamente para o Juizado Especial Criminal ou, em caso de impossibilidade, colherá termo de compromisso dos envolvidos que devem se comprometer a comparecer à sede do juizado quando intimados.

Do art. 305

Art. 305. Na falta ou no impedimento do escrivão, qualquer pessoa designada pela autoridade lavrará o auto, depois de prestado o compromisso legal.

O artigo 305 nada mais trata do que situações administrativas que em nada afetam o desfecho e as formalidade exigidas para o cumprimento e efetivação de uma prisão em flagrante delito. O que não se pode admitir é a falta da autoridade polícial, ou seja, o delegado de policia, este, sim, é personagem fundamental na legalidade da prisão em flagrante.

Do art. 306

Art. 306. A prisão de qualquer pessoa e o local onde se encontre serão comunicados imediatamente ao juiz competente, ao Ministério Público e à família do preso ou à pessoa por ele indicada.

§ 1º. Em até 24 (vinte e quatro) horas após a realização da prisão, será encaminhado ao juiz competente o auto de prisão em flagrante e, caso o autuado não informe o nome de seu advogado, cópia integral para a Defensoria Pública.

§ 2º. No mesmo prazo, será entregue ao preso, mediante recibo, a nota de culpa, assinada pela autoridade, com o motivo da prisão, o nome do condutor e os das testemunhas.

- Redação anterior: Art. 306. A prisão de qualquer pessoa e o local onde se encontre serão comunicados imediatamente ao juiz competente e à família do preso ou a pessoa por ele indicada. – § 1º. Dentro em 24h (vinte e quatro horas) depois da prisão, será encaminhado ao juiz competente o auto de prisão em flagrante acompanhado de todas as oitivas colhidas e, caso o autuado não informe o nome de seu advogado, cópia integral para a Defensoria Pública. – § 2º. No mesmo prazo, será entregue ao preso, mediante recibo, a nota de culpa, assinada pela autoridade, com o motivo da prisão, o nome do condutor e o das testemunhas.

Esse dispositivo legal determina que a prisão de qualquer pessoa e o local onde se encontre devem ser comunicados imediatamente ao juiz competente, ao Ministério Público e à família do preso ou à pessoa por ele indicada, em conformidade com o disposto no art. 5º, LXII e LXIII da Constituição Federal.

A determinação de que em até 24 horas seja encaminhado ao juiz o respectivo auto de prisão em flagrante acaba por legitimar prisões ilegítimas por um período de até 24 horas. Na forma da redação do § 1º não existe qualquer obrigatoriedade que imponha à autoridade policial submeter a respectiva prisão em flagrante delito de alguém por esse período. Oportunidade perdida pelo legislador, em regulamentar tal situação delicada.

Outrossim, em até vinte e quatro horas após a realização da prisão, será encaminhado ao juiz competente o auto de prisão em flagrante e, caso o autuado não informe o nome de seu advogado, será encaminhada cópia integral para a Defensoria Pública. Neste mesmo prazo, será entregue ao preso, mediante recibo, a nota de culpa, assinada pela autoridade, com o motivo da prisão, o nome do condutor e os das testemunhas.

Ainda no prazo de até 24 horas após a prisão em flagrante, conforme o § 2º, do artigo analisado "será entregue ao preso, mediante recibo, a nota de culpa, assinada pela autoridade, com o motivo da prisão, o nome do condutor e o das testemunhas". Constitui a famigerada nota de culpa, cuja finalidade "é comunicar ao preso o motivo da prisão, bem como a identidade de quem o prendeu" (art. 5º, LXIV, da CF), em um breve relato do fato criminoso de que é acusado.

Importante frisar, a necessidade de comunicação da prisão em flagrante delito ao juiz competente, ou seja, em caso de comunicação proposital a juiz que sabe incompetente, ter-se-á verdadeira ilegalidade no auto de prisão, devendo a mesma ser relaxada imediatamente. Passível inclusive de impetração de *habeas corpus* em caso de mantença da prisão irregular.

Do art. 307

Art. 307. Quando o fato for praticado em presença da autoridade, ou contra esta, no exercício de suas funções, constarão do auto a narração deste fato, a voz de prisão, as declarações que fizer o preso e os depoimentos das testemunhas, sendo tudo assinado pela autoridade, pelo preso e pelas testemunhas e remetido imediatamente ao juiz a quem couber tomar conhecimento do fato delituoso, se não o for a autoridade que houver presidido o auto.

Regra que trata de verdadeiro método procedimental quando uma infração penal for praticada na presença de autoridade. O disposto nesse artigo apenas deverá ser acrescentado aos procedimentos a serem tomados em caso de flagrante delito (já analisados), sendo certo que a inobservância do que foi estabelecido pode causar a ilegalidade do ato prisional, passível de impugnação via *habeas corpus* em caso de prisão.

Para efeitos de efetivação da regra imposta por meio desse artigo, deve-se considerar como autoridades a policial e a judiciária.

Do art. 308

Art. 308. Não havendo autoridade no lugar em que se tiver efetuado a prisão, o preso será logo apresentado à do lugar mais próximo.

Uma vez que não se fixa competência jurisdicional pelo lugar da prisão, o que importa efetivamente é o respeito às formalidades que devem ser cumpridas em uma prisão em flagrante. Existe a obrigatoriedade de que seja presidida por uma autoridade policial que não necessariamente a do lugar da infração. Para tanto, a regra serve apenas para confirmar que a lavratura do auto de prisão em flagrante deve ser feita por autoridade policial, ou seja, delegado de polícia, independentemente de qual seja.

Do art. 309

Art. 309. Se o réu se livrar solto, deverá ser posto em liberdade, depois de lavrado o auto de prisão em flagrante.

Por uma questão óbvia, pois esse é o verdadeiro sentido da Lei nº 12.403/2011, cujo objetivo é o de evitar que um processo seja mais doloroso que uma possível condenação, de modo a não inverter todo o sentido do processo penal. É inadmissível na sistemática processual constitucional que havendo a presunção de inocência em favor de uma pessoa apenas acusada, esta seja tratada de forma mais severa do que seria caso já estivesse condenada. O artigo inadmite a prisão, independentemente de qualquer arbitramento de fiança, para os casos em que a infração supostamente praticada pelo indivíduo não tenha previsão de pena privativa de liberdade.

Do art. 310

Art. 310. Ao receber o auto de prisão em flagrante, o juiz deverá fundamentadamente:

I – relaxar a prisão ilegal; ou

II – converter a prisão em flagrante em preventiva, quando presentes os requisitos constantes do art. 312 deste Código, e se revelarem inadequadas ou insuficientes as medidas cautelares diversas da prisão; ou

III – conceder liberdade provisória, com ou sem fiança.

Parágrafo único. Se o juiz verificar, pelo auto de prisão em flagrante, que o agente praticou o fato nas condições constantes dos incisos I a III do caput do art. 23 do Decreto-Lei nº 2.848, de 7 de dezembro de 1940 – Código Penal, poderá, fundamentadamente, conceder ao acusado liberdade provisória, mediante termo de comparecimento a todos os atos processuais, sob pena de revogação."

5. Título IX – da prisão, das medidas cautelares e da liberdade provisória

• Redação anterior: Art. 310. Quando o juiz verificar pelo auto de prisão em flagrante que o agente praticou o fato, nas condições do art. 19, I, II e III, do Código Penal, poderá, depois de ouvir o Ministério Público, conceder ao réu liberdade provisória, mediante termo de comparecimento a todos os atos do processo, sob pena de revogação. – Parágrafo único. Igual procedimento será adotado quando o juiz verificar, pelo auto de prisão em flagrante, a inocorrência de qualquer das hipóteses que autorizam a prisão preventiva (arts. 311 e 312).

Enfim, após inúmeras críticas e sugestões, a falta de regulamentação da prisão em flagrante foi reconhecida. A nova redação corrobora com o entendimento já exposto de pré-cautelaridade, ao exigir que após a concretização de uma prisão em flagrante a situação seja analisada imediatamente e, em sendo o caso, convertida em preventiva. Contudo, ao se revelarem inadequadas as medidas cautelares, que a pessoa que tenha sido presa seja imediatamente colocada em liberdade. Com a alteração legislativa não se permite mais o procedimento em que o juiz, ao receber o auto de prisão em flagrante nada decidia, permanecendo o indivíduo preso no curso do inquérito ou mesmo em todo o processo sem qualquer decisão fundamentada para mantença de sua prisão, como se fosse efetivada a transição de prisão em flagrante a prisão preventiva de forma automática. Situação bastante comum na praxe forense e, diga-se de passagem, extremamente arbitrária e incoerente.

Assim sendo, ao receber o auto de prisão em flagrante, o juiz *deverá*, obrigatoriamente, tomar uma das três decisões:

a) relaxar a prisão ilegal (aquela cujo auto de prisão em flagrante não observe os requisitos legais acima indicados);

b) aplicar as medidas cautelares expressas no art. 319 e seguintes do Código de Processo Penal ou, em caso de insuficiência ou inadequação destas, decretar a prisão preventiva conforme o art. 312 do CPP, quando presentes os requisitos;

c) conceder liberdade provisória, com ou sem fiança.

Entretanto, se o juiz constatar que o indivíduo praticou a infração amparado por uma excludente de ilicitude, conforme o art. 23 do Código Penal, ele deverá, fundamentadamente, determinar a liberdade provisória do acusado, mediante termo de comprometimento de que comparecerá a todos os atos processuais sob pena de revogação da liberdade. Trata-se, na verdade, de liberdade provisória sem fiança, porém vinculada ao comparecimento em todos os atos processuais em que for solicitado. Nada impede, igualmente, que a liberdade provisória prevista seja cumulada com outra medida cautelar, desde que não seja privação da liberdade.

Capítulo III – Da Prisão Preventiva

Do art. 311

Art. 311. Em qualquer fase da investigação policial ou do processo penal, caberá a prisão preventiva decretada pelo juiz, de ofício, se no curso da ação penal, ou a requerimento do Ministério Público, do querelante ou do assistente, ou por representação da autoridade policial.

- Redação anterior: Art. 311. Em qualquer fase do inquérito policial ou da instrução criminal, caberá a prisão preventiva decretada pelo juiz, de ofício, a requerimento do Ministério Público, ou do querelante, ou mediante representação da autoridade policial.

Note-se que, mais uma vez, que ao mencionar *fase da investigação policial ou do processo penal*, o legislador leva-nos a crer que, conforme dito, apenas em face do indiciado e acusado pode-se decretar prisão preventiva, mas jamais em face de um suspeito poderá recair essa modalidade de privação da liberdade. Outro ponto importante é quando o artigo menciona *investigação policial*, ou seja, apenas quando se tratar de inquérito policial, refutando, assim, qualquer possibilidade de decretação de prisão preventiva, por exemplo, em casos de CPI ou investigação preliminar presidida pelo Ministério Público. Isso porque, conforme dito, a legalidade das medidas cautelares imperam para sua validade e exequibilidade, logo, se o artigo ora alterado menciona *investigação policial* e *processo penal*, apenas nestes casos caberá a já comentada restrição da liberdade.

Mesmo que se sustente ser este artigo extensivo aos demais meios investigatórios, não se pode permitir interpretação extensiva em matéria processual penal, principalmente no que se refere àquelas que restringem os direitos da pessoa humana.

O mesmo raciocínio se faz quanto à possibilidade do assistente de acusação requerer a decretação de prisão preventiva, ou seja, como no próprio artigo não descreve essa possibilidade, também não pode o intérprete agir de forma extensiva para alcançar a pessoa do assistente de acusação, ficando, assim, impossibilitado de pleitear a referida medida. O motivo desse posicionamento se dá também devido ao alto índice de questionamentos quanto a possibilidade de o ofendido intervir no processo penal, porque cabe ao estado a *persecutio criminis*. Portanto, não caberia ao particular intervir nos termos do processo.

Dessa maneira, são requisitos para a decretação da prisão preventiva:

a) garantia da ordem pública;
b) garantia da ordem econômica;
c) por conveniência da instrução criminal;
d) para assegurar a aplicação da lei penal.
e) o descumprimento de qualquer das obrigações impostas por força de outras medidas cautelares;
f) *fumus commissi delicti*;
g) *periculum libertatis*.

Do art. 312

Art. 312. A prisão preventiva poderá ser decretada como garantia da ordem pública, da ordem econômica, por conveniência da instrução criminal, ou para assegurar a aplicação da lei penal, quando houver prova da existência do crime e indício suficiente de autoria.

Parágrafo único. A prisão preventiva também poderá ser decretada em caso de descumprimento de qualquer das obrigações impostas por força de outras medidas cautelares (art. 282, § 4º).

• Redação anterior: Art. 312. A prisão preventiva poderá ser decretada como garantia da ordem pública, da ordem econômica, por conveniência da instrução criminal, ou para assegurar a aplicação da lei penal, quando houver prova da existência do crime e indício suficiente de autoria.

- **Garantia da ordem pública** – trata-se do requisito mais amplo, genérico e indeterminado para a decretação de prisão preventiva, gerando inevitável insegurança decorrente da análise da conveniência ou não da adoção da medida constritiva cautelar. Como bem observado, diante da imprecisão semântica da expressão – quase sempre identificada como paz social e a tranquilidade pública – a jurisprudência tem emprestado à garantia da ordem pública os mais diversos significados "comoção social"; "periculosidade do réu", ou mesmo "para preservar sua integridade" (do suposto autor da infração) em caso de possível linchamento; "perversão do crime"; "insensibilidade moral do acusado"; "clamor público"; "repercussão midiática", ou seja, tudo que não serve como base ou requisito para decretação de prisão preventiva é utilizado como sinônimo de "ordem pública", a fim de validar e justificar a decreto prisional provisório.

Uma prisão para garantir a ordem pública não pode, jamais, constituir-se em regra geral para pautar uma prisão preventiva. Devido a sua notória imprecisão quanto ao significado, sua utilização afronta de forma brutal o princípio da presunção de inocência. O que se busca efetivamente com uma prisão preventiva pautada na ordem pública, em nada tem a ver com os preceitos almejados pelas medidas cautelares trazidas pela nova legislação. A prisão preventiva busca, inevitavelmente, a antecipação dos efeitos da tutela penal. Posto que, na verdade, deveria ser justamente o contrário, e o objetivo inerente à medida cautelar deveria ser o de efetivar e preservar o tramite processual na defesa dos direitos da pessoa humana, com consequente aplicação da lei penal ao caso concreto de forma justa e constitucional. Dessa forma, deve se priorizar o entendimento de não admissibilidade de decreto prisional preventivo pela garantia da ordem pública com base nos "fundamentos" tratados como sinônimos, por exemplo, clamor público ou credibilidade da justiça.

Conforme entendimento consolidado, o significado de ordem pública deve ser aplicado quando ocorrerem situações em que o indiciado ou acusado demonstre tendência em continuar a delinquir ou, ainda, de comprovada periculosidade, ou seja, se o indiciado ou acusado estiver cometendo novas infrações penais de forma indiscriminada ou contribuindo para a prática destas, se estará diante de uma situação perturbadora da ordem pública.

- **Garantia de ordem econômica** – a Lei nº 8.884/1994 (Lei Antitruste) que trata das infrações praticadas contra a ordem econômica deve estar intimamente ligada a esta parte do artigo, já que possui importante participação na ordenação das instituições econômicas do país, mesmo porque o exposto no art. 86 da referida lei serviu de base para o legislador alterar o art. 312 do CPP ao incluir como requisito para decretação de prisão preventiva a garantia da ordem econômica. A decretação da prisão preventiva com base na garantia da ordem econômica encontra lugar nos denominados crimes contra a ordem econômica ou contra o sistema financeiro (Lei nº 7.492/1986, que exige, ainda, a magnitude da lesão causada), e se tornaram conhecidos como "crimes do colarinho branco", praticados normalmente mediante fraude contra as ordens financeira, econômica ou tributária.

- **Conveniência da instrução criminal** – requisito caracterizador do *periculum libertatis*, visto que, neste caso, a prisão preventiva tem por escopo resguardar o processo penal, propriamente dito, durante a instrução criminal, principalmente ao proteger a produção probatória. Dessa forma, autoriza-se a prisão preventiva por este fundamento, por exemplo, quando o imputado ou indiciado ameaça, coage ou procura corromper testemunhas, peritos ou qualquer das partes ou quando investe contra as provas a serem produzidas, destruindo, dissimulando ou simulando evidências, tudo no intuito de afastar o julgador da reconstrução verídica dos fatos apurados.

Devendo, portanto, a prisão preventiva ser decretada para garantir a efetivação concreta do devido processo legal, para que o magistrado tenha condições de, ao final do feito, emitir um julgamento justo e imparcial, embora a legislação mencione o termo "conveniência", tal medida não deve ser decretada ao bem-querer do juiz, segundo mera conveniência e oportunidade. Muito pelo contrário, sempre que se mostrar necessária e imprescindível ao resguardo do devido processo legal, deve a prisão preventiva ser decretada, com base na conveniência da instrução criminal, máxime naquelas hipóteses já sinalizadas.

É importante que se diferencie o fato de o acusado ser citado e não comparecer para responder aos termos do processo, ser citado por edital e o caso de o acusado não ser encontrado para ser citado. O não comparecimento do acusado aos autos do processo penal, após sua devida citação pessoal, também, por si só, não autoriza a prisão preventiva por conveniência da instrução criminal, uma vez que a revelia não pode gerar automaticamente a prisão preventiva do imputado. Entretanto, se o acusado sequer é encontrado para ser citado, implicando suspensão do processo e do prazo prescricional, devido ao fato de o processo não poder tramitar sem a citação do acusado pode-se dar ensejo ao decreto prisional preventivo. O mesmo raciocínio se aplica aos casos de citação por edital.

- **Assegurar a aplicação da lei penal** – requisito autorizador de prisão preventiva, ao contrário da expressão "ordem publica", este possui nítido caráter cautelar, uma vez que procura resguardar a eficácia de eventual provimento final condenatório diante de uma possível fuga do acusado. Para ser decretada a prisão, porém, a exemplo dos demais casos, precisa o magistrado indicar concretamente os motivos pelos quais deve ser assegurada a aplicação da lei penal, sendo completamente descabidas fundamentações pautadas em suposições ou presunções.

Do art. 313

Art. 313. Nos termos do art. 312 deste Código, será admitida a decretação da prisão preventiva:

I – nos crimes dolosos punidos com pena privativa de liberdade máxima superior a 4 (quatro) anos;

II – se tiver sido condenado por outro crime doloso, em sentença transitada em julgado, ressalvado o disposto no inciso I do caput do art. 64 do Decreto-Lei nº 2.848, de 7 de dezembro de 1940 – Código Penal;

III – se o crime envolver violência doméstica e familiar contra a mulher, criança, adolescente, idoso, enfermo ou pessoa com deficiência, para garantir a execução das medidas protetivas de urgência;
IV – (revogado).
Parágrafo único. Também será admitida a prisão preventiva quando houver dúvida sobre a identidade civil da pessoa ou quando esta não fornecer elementos suficientes para esclarecê-la, devendo o preso ser colocado imediatamente em liberdade após a identificação, salvo se outra hipótese recomendar a manutenção da medida.

- Redação anterior: Art. 313. Em qualquer das circunstâncias, previstas no artigo anterior, será admitida a decretação da prisão preventiva nos crimes dolosos: I – punidos com reclusão; II – punidos com detenção, quando se apurar que o indiciado é vadio ou, havendo dúvida sobre a sua identidade, não fornecer ou não indicar elementos para esclarecê-la; III – se o réu tiver sido condenado por outro crime doloso, em sentença transitada em julgado, ressalvado o disposto no parágrafo único do art. 46 do Código Penal; IV – se o crime envolver violência doméstica e familiar contra a mulher, nos termos da lei específica, para garantir a execução das medidas protetivas de urgência.

- **Hipóteses de cabimento da prisão preventiva** – prevê o art. 313 do CPP as hipóteses em que poderá se decretada a prisão preventiva, desde que, obviamente, estejam presentes os seus requisitos.

Anteriormente à alteração legislativa permitia-se decretar prisão preventiva nos feitos originados de crimes dolosos, puníveis com reclusão (cumprimento de pena nos regimes aberto, semiaberto e fechado) pura e simplesmente. Logo, era descabida a decretação de prisão preventiva nos casos, por exemplo, de receptação (art. 180 do CP) cuja pena mínima é de 1 ano, e por aplicação do art. 89 da Lei nº 9.099/1995, admite-se a suspensão condicional do processo, ou seja, sequer poderia se chegar a uma sentença penal condenatória e, mesmo assim, superada a suspensão condicional do processo, a possibilidade de esta ser substituída por pena restritiva de direitos (com a devida aplicação do art. 44 do CP) era quase que certa. Entretanto, de forma correta a alteração legislativa eliminou boa parte desses problemas ao exigir que, para decretação de prisão preventiva, a pena considerada em abstrato deve ultrapassar o patamar de quatro anos. Dessa forma, todos os problemas anteriormente levantados passam a ser considerados superados.

A reincidência passa a ser verdadeira condição de validade para decretação de prisão preventiva. Justifica-se pelo fato de, conforme a regra, a imposição de medidas cautelares e a preventiva passarem a ser utilizadas de forma subsidiária. Inevitavelmente, essa condição pessoal apresenta-se de extrema importância para respeitar e aplicar os objetivos da alteração legislativa. Com a redação conferida pela Lei nº 11.340/2006, o inciso IV do art. 313 do CPP preceitua que caberá prisão preventiva "se o crime envolver violência doméstica e familiar contra a mulher, nos termos da lei específica, de forma a garantir a execução das medidas protetivas de urgência".

Nessa hipótese, cabe a observação feita para o caso de reincidência em crime doloso, no sentido de que, em se tratando de crime doloso punível com reclusão, é dispensada a previsão específica da lei de violência doméstica, bastando que seja aplicado o inciso I do art. 313 do CPP. Todavia, com base no inciso IV deste mesmo artigo, é perfeitamente possível a decretação de prisão preventiva em caso de crime doloso punível com pena de detenção, se for caso típico de violência doméstica, devendo o magistrado agir com extrema prudência e bom senso para que não se permita a decretação de uma prisão cautelar em processo cuja futura e eventual sanção penal a ser aplicada não contemple a privação de liberdade.

Quando se tratar de delito punível com detenção, o CPP aboliu definitivamente a possibilidade de decretação de prisão preventiva, admitindo-a apenas "quando houver dúvida sobre a identidade civil da pessoa ou quando esta não fornecer elementos suficientes para esclarecê-la, devendo o preso ser colocado imediatamente em liberdade após a identificação, salvo se outra hipótese recomendar a manutenção da medida". Nesse caso, salvo se tratar-se de crime punível com pena privativa de liberdade, com reclusão superior a 4 anos, caberá prisão preventiva em virtude das dificuldades para se promover a identificação do acusado ou indiciado, mas somente no caso em que este não indique elementos para esclarecê-la.

Do art. 314

Art. 314. A prisão preventiva em nenhum caso será decretada se o juiz verificar pelas provas constantes dos autos ter o agente praticado o fato nas

condições previstas nos incisos I, II e III do caput do art. 23 do Decreto-Lei nº 2.848, de 7 de dezembro de 1940 – Código Penal.
- Redação anterior: Art. 314. A prisão preventiva em nenhum caso será decretada se o juiz verificar pelas provas constantes dos autos ter o agente praticado o fato nas condições do art. 19, nºs I, II ou III do Código Penal.

- **Causa impeditiva de decretação de prisão preventiva** – determina o art. 314 do CPP que não se decretará a prisão preventiva caso seja verificada a ocorrência de qualquer das causas que excluem a ilicitude da conduta típica. Trata-se de previsão útil, justa e confirmatória dos preceitos legislativos constitucionais que impedem a prisão cautelar mediante existência de qualquer das causas que tornem uma conduta típica em lícita, visto que, em tais casos, além de inócua a prisão preventiva seria verdadeira manifestação de injustiça.

Importa destacar, contudo, que na aferição de incidência ou não de causa justificante, basta que se ateste apenas sumariamente a existência de indícios, pois será o suficiente para que se direcione o entendimento quanto à conduta do indiciado ou acusado a quaisquer das causas excludentes de ilicitude. Nesse ponto, reside, portanto, a diferença da análise do art. 314 em relação à nova previsão de absolvição sumária prevista no art. 397, I, ambos no CPP, pois enquanto a causa excludente de ilicitude deve ser evidente e manifesta para fins de absolvição sumária, no caso de impedimento de decretação de prisão preventiva basta que se apresente como provável, não se exigindo a certeza.

Do art. 315

Art. 315. A decisão que decretar, substituir ou denegar a prisão preventiva será sempre motivada.
- Redação anterior: Art. 315. O despacho que decretar ou denegar a prisão preventiva será sempre fundamentado.

- **Motivação da decisão que decreta a prisão preventiva** – como já referido, por imposição constitucional (art. 93, IX, CRFB), a decisão que decretar a prisão preventiva deve ser escrita e devidamente fundamentada, como ocorre com todas as decisões dos órgãos do Poder Judiciário. Assim sendo, frente ao texto constitucional é desnecessária a previsão do art. 315 do CPP, segundo o qual "o despacho que decretar ou denegar a prisão preventiva será sempre fundamentado".

Por essa dupla imposição legal, portanto, constitui-se ilegalidade e consequente abuso de poder – passível de ser atacado por via de *habeas corpus* – a prisão preventiva decretada sem a devida motivação, não bastando a enunciação pura e simples da lei, a mera repetição de termos ou expressões contidas na lei desacompanhadas da indicação de motivos concretos que autorizem a medida construtiva cautelar. Configura manifestação de arbítrio, pois a decretação de prisão preventiva sem a devida fundamentação, por exemplo, no caso em que um magistrado limita-se a informar que decreta a prisão preventiva tendo como base a ordem pública violada pelo grave crime praticado.

Do art. 316

Art. 316. O juiz poderá revogar a prisão preventiva se, no correr do processo, verificar a falta de motivo para que subsista, bem como de novo decretá-la, se sobrevierem razões que a justifiquem.

• **Revogação da prisão preventiva** – em razão de seu caráter instrumental e cautelar, a prisão preventiva pode ser revogada a qualquer tempo pelo juiz se for verificado que seus possíveis requisitos e pressupostos não mais se fazem presentes, como também pode novamente ser decretada se sobrevierem razões que a justifique, conforme o art. 316 do CPP.

• **Disposições sobre a prisão temporária** – a prisão temporária é espécie de prisão provisória, ou seja, trata-se de verdadeira medida cautelar. É aquela que priva o indivíduo de sua liberdade de locomoção ainda na fase da investigação criminal preliminar. Essa medida tem o objetivo de resguardar o processo, garantindo a aplicação da lei penal sob os escopos de urgência e de necessidade.

Segundo Paulo RANGEL[41]

---

41. RANGEL, Paulo. *Direito Processual Penal*. 7. ed., revista, ampliada e atualizada. Rio de Janeiro: Lúmen Júris, 2004.

5. Título IX – da prisão, das medidas cautelares e da liberdade provisória

Não é a prisão cautelar que vai resolver o problema da violência nas ruas, mas sim a adoção de políticas públicas sérias de combate a violência pelo Executivo. O Judiciário não pode substituir a ação do Executivo. Polícia nas ruas, garantindo nossa segurança, é problema do Executivo. Prisão Cautelar, para assegurar o curso do processo penal justo, é medida a ser adotada pelo Judiciário.

Outro conceito pode ser fornecido por Fernando CAPEZ,[42] ao sintetizar que "prisão cautelar de natureza processual destina-se a possibilitar as investigações a respeito de crimes graves, durante o inquérito policial."

Além destes, muitos estudiosos a conceituam simplesmente como "prisão para averiguações", instituto existente no Brasil há vários anos, em especial, durante os períodos ditatoriais.

A previsão legal da prisão temporária está na Lei nº 7.960/89, que especifica as hipóteses em que será cabível a sua decretação. No artigo 1º, o inciso I destaca a imprescindibilidade para a investigação criminal.

O inciso II estabelece que existe cabimento quando o investigado não possuir residência fixa ou não fornecer os elementos que são necessários para que se esclareça sua identidade.

Já no inciso III, ainda no art. 1º, estão elencados os crimes que poderão ensejar prisão temporária, "quando houver fundadas razões, de acordo com qualquer prova admitida na legislação penal, de autoria ou participação do indiciado" além dos previstos na Lei nº 8072/90, de crimes hediondos, art. 2º, § 4º.

Os incisos I e II configuram o *periculum libertatis*, enquanto o inciso III configura o *fumus comissi delicti*.

É relevante destacar a polêmica em torno do tema da cumulatividade ou não dos incisos citados. O que se discute na doutrina é que a presença do *fumus comissi delicti* e do *periculum libertatis* é indispensável, uma vez que são requisitos de qualquer prisão cautelar e não devem ser exceção na prisão temporária.

---

42. CAPEZ, Fernando. *Curso de Processo Penal*. 8. ed. rev. e atual. São Paulo: Saraiva, 2002. p. 243.

Vicente Greco Filho entende que a prisão temporária será admitida somente quando cumulados os referidos três incisos do art. 1º, além de serem necessários os requisitos da prisão preventiva. Essa tese não é seguida por muitos autores, mas os que a defendem acreditam ser abusiva a decretação de prisão temporária quando não estiverem presentes os requisitos do art. 312 do Código de Processo Penal.

A primeira delas é aquela que prega a cumulação dos três incisos para que a prisão seja decretada. Apoiam essa corrente autores como Fernando da Costa TOURINHO FILHO.[43]

A segunda corrente de maior repercussão defende a autonomia dos incisos. Essa parte dos doutrinadores entende que a interpretação da lei deve ser literal. E esta interpretação trata os incisos como autônomos e independentes. Pensa assim Júlio Fabbrini MIRABETE.[44]

A terceira corrente é a majoritária, defendida pela maioria da doutrina brasileira, sendo esta a mais aplicada, inclusive pela jurisprudência. Entendem os defensores dessa teoria que, como o *periculum libertatis* está presente tanto no inciso I como no inciso II, basta que um deles esteja presente para que se configure o risco que representa a liberdade do indiciado. E, para representar o *fumus comissi delicti*, o inciso III deve estar presente, obrigatoriamente.

Entre os vários autores e pensadores do Direito, alguns merecem ser lembrados como defensores dessa corrente. Entre eles, Ada Pellegrini Grinnover, Damásio Evangelista de Jesus e Fernando CAPEZ.[45]

1. Procedimento da prisão temporária – de acordo com o art. 2º da Lei nº 7.960/1989 e a Constituição de 88, a prisão deve ser decretada por juiz, mas este não pode decretá-la de ofício, como ocorre na prisão preventiva. Logo, recebendo o juiz a representação da autoridade policial ou o requerimento do Ministério Público contendo as razões que indicam a necessidade ou con-

---

43. TOURINHO FILHO, op. cit., p. 362.
44. MIRABETE, Júlio Fabrine. *Processo Penal*. 16. ed. São Paulo: Atlas, 2004.
45. CAPEZ, op. cit.

veniência e fundamentos da medida, terá o prazo de 24 horas para decidir sobre a concessão ou não da prisão temporária, em despacho fundamentado, sob pena de nulidade.

Mesmo a prisão temporária sendo decretada na fase do inquérito policial, a autoridade policial não tem competência para decretá-la.

A lei prevê o prazo máximo de cinco dias para a prisão temporária. Podendo ser prorrogado por igual período, em caso de extrema necessidade. Em se tratando de crimes hediondos e equivalentes, o prazo da prisão temporária é de até 30 dias, prorrogável por igual período.

Vale ressaltar a nossa desaprovação ao tratamento desigual que se estabeleceu entre criminosos "comuns" e "hediondos" no que se refere a prazo de prisão temporária. Comenta Alberto Silva FRANCO.[46]

> Tudo está, portanto, a indicar que o alongamento desarrazoado da prisão temporária, com a consequente prorrogação temporal das investigações policiais, teve por objetivo único e exclusivo estigmatizar eventuais autores de crimes hediondos, de tortura, de tráfico ilícito de entorpecentes e de terrorismo.

Uma vez vencido o prazo e não sendo decretada a prisão preventiva, o indiciado deverá ser posto imediatamente em liberdade (independentemente de alvará de soltura). Se assim não for, a autoridade coatora incorrerá no crime de abuso de autoridade, conforme a alínea "i" do art. 4º da Lei nº 4.898/1965, que regula o direito de representação e o processo de responsabilidade administrativa civil e penal, nos casos de abuso de autoridade. Desta forma, a prisão tornar-se-ia ilegal, devendo, então, ser relaxada.

O prazo da prisão começa a ser contado da data em que o representado ou requerido for recolhido ao estabelecimento penal, mesmo que seja no último minuto daquele dia.

Caso o indivíduo seja condenado ao final do processo, o tempo em que tiver permanecido preso temporariamente deverá ser computado na pena privativa de liberdade ou na medida de segurança eventualmente

---

46. FRANCO, Alberto Silva. *Crimes Hediondos: Anotações Sistemáticas à Lei nº 8.072/1990*. 4. ed. rev. atual. São Paulo: RT, 2006.

aplicada, conforme manda a regra da detração penal, encontrada no art. 42 do Código Penal.

2. **Direitos do preso** – uma vez preso, encaminhado à delegacia e recolhido à cela, logo passa a prevalecer um direito subjetivo do indivíduo, inerente à condição humana: o direito de sua inocência. Contradizer a acusação criminal que lhe é imputada constitui-se o bem maior de todos os bens jurídicos da pessoa humana, garantido por meio do princípio da presunção da inocência, pois toda pessoa acusada de um delito tem direito a que se presuma a sua inocência enquanto não se comprove legalmente a sua culpa. É esse o sentido da norma constitucional prevista no art. 5º, inciso LVII da CRFB: "ninguém será considerado culpado até o trânsito em julgado de sentença penal condenatória". A Constituição Federal também confere aos presos algumas garantias como a de ser informado pela autoridade policial sobre seus direitos, a identificação dos responsáveis por sua prisão, o de permanecer calado, direito a um advogado, de se comunicar com a família e direito a receber nota de culpa (via de mandado de prisão), entre outros direitos.

3. **Aspectos inconstitucionais da prisão temporária – críticas à Lei nº 7.960/1989**

   a) **Inconstitucionalidade formal** – aparentemente, a lei está em conformidade com o ordenamento jurídico, pois o art. 5º, XXXIX da Constituição Federal (princípio da reserva legal), exige lei formal para a previsão da existência de crime.

No entanto, inúmeras são as críticas à forma de criação da Lei nº 7.960/1989. Tal fato se dá por ter sido originada em uma medida provisória, que tem previsão no art. 62 da Constituição Federal de 1988, como medida a ser adotada com força de lei em caso de relevância e urgência, de competência do presidente da República, e deve ser submetida ao Congresso Nacional. Contudo, a medida provisória não é lei, e sim espécie normativa excepcional, investida de "força de lei".

5. Título IX – da prisão, das medidas cautelares e da liberdade provisória 95

O que se discute é que o mesmo artigo que prevê a medida, em seu §1º, I, alínea *b,* dispõe também que é vedada a edição de medidas provisórias sobre matéria penal e processual penal.

Alberto Silva FRANCO[47] afirma que

Com tais características, pode a medida provisória servir de instrumento normativo adequado à abordagem da disciplina penal? A resposta à indagação só poderá ser negativa. Tal como o decreto-lei, a medida provisória ocupa um lugar de inferioridade em relação à lei em sentido estrito.

O ponto crucial que pode nos levar a questionar a constitucionalidade da prisão temporária é que esta foi inicialmente instituída pela medida provisória nº 111, editada em 27.11.1989. Sendo aprovado, nesse sentido, o Projeto de Lei de Conversão nº 039/89, que posteriormente transformou-se na Lei nº 7.960/1989.

Assim, resta claro que a Lei nº 7.960/1989 sofre de inconstitucionalidade por vício de forma na elaboração e pela incompetência do órgão criador.

O professor Clèrmeson Merlin CLÈVE[48] entende que quando a lei seguir procedimento diverso daquele fixado na Constituição tem-se a inconstitucionalidade formal.

Triste é saber que, mesmo padecendo de grave inconstitucionalidade formal, a prisão temporária acabou sendo plenamente legitimada pela práxis forense.

b) Inconstitucionalidade material – existe entendimento no sentido de que o conteúdo da Lei nº 7.960/1989 fere gravemente a Constituição. Pelo fato de os dispositivos da mencionada lei ofenderem o princípio da presunção de inocência, previsto na Constituição, em seu art. 5º, LVII.

Parece que se buscou, através da prisão temporária, preencher os requisitos não alcançados pela prisão preventiva, já que para a temporária os requisitos são menos complexos.

---

47. FRANCO, Alberto Silva. *LEX-RJTJESP* 123-16.
48. CLÈVE, Clèrmeson Merlin. *A Fiscalização Abstrata da Constitucionalidade no Direito Brasileiro.* 2. ed. Rio de Janeiro: Revista dos Tribunais, 2000. p. 39.

Assim, entende-se que, estando presentes todos os requisitos exigidos no texto legal como o *fumus comissi delicti* e *periculum libertatis*, adequados à cautelar e com os princípios constitucionais, de plano seria representada a prisão preventiva pela autoridade policial. Mas, se não há que se falar em prevenção é porque ainda não há presença de *fumus comissi delicti*. E este não estando evidente, não pode haver prisão, acarretando arbitrariedade. Essa conclusão foi confirmada pelo STJ:

> Inquérito policial. Prisão temporária (desnecessidade). 1. Cabe a prisão temporária quando imprescindível às investigações do inquérito policial (Lei nº 7.960/1989, art. 1º, I). 2. Se não configurado claramente o seu pressuposto, recomenda-se seja evitada a prisão. 3. Liminar deferida. Ordem afinal concedida. (Superior Tribunal de Justiça – Sexta Turma. Habeas Corpus nº 36388. Proc. nº 2004/0088930-2, Rel. Ministro Nilson Naves, Brasília, 4.11.2004. DJ de 9.2.2005, p. 223)

Outro quesito muito questionado é o disposto no inciso III da lei, que parece não ter sido bem escrito. Segundo o referido inciso, a mera existência de "fundadas razões de autoria ou participação do indiciado em crimes graves com base em qualquer prova" seria suficiente para determinar a prisão de alguém, como que uma antecipação da pena, proibido pela Constituição.

Fernando da Costa TOURINHO FILHO,[49] defensor convicto da inconstitucionalidade da medida, analisa:

> Ora, fundadas razões são razões sérias, importantes, que denotam gravidade. E, ao que parece, nenhuma autoridade, por mais perspicaz que seja, poderá vislumbrar 'fundadas razões' em face de um testemunho infantil, de uma declaração da suposta vítima, de um simples indício. Se se entender diferentemente, que se altere o nome do fumus boni iuris, exigido para essa modalidade de prisão 'cautelar', para fumus mali iuris... Para nós, as fundadas razões devem ser idôneas, sérias, sob pena de se transformar a prisão temporária em instrumento de perseguição e tortura.

Todavia, esse pensamento não é unânime entre os doutrinadores. Pois, existem alguns autores que entendem estar a medida da prisão

---

49. TOURINHO FILHO, *Op. cit.*, p. 468.

5. Título IX - da prisão, das medidas cautelares e da liberdade provisória

temporária de acordo com a Constituição, mesmo sabendo que o acusado pelo suposto crime ainda pode ser considerado inocente.

Sabe-se que somente após o trânsito em julgado de sentença penal condenatória é possível levar um indivíduo à prisão, salvo nos casos de prisão cautelar. O problema é que a lei tenta disfarçar essa aplicação antecipada da pena, com indícios fracos de culpabilidade do agente, insuficientes para levá-lo à prisão. Isso leva a crer que a prisão temporária foi instituída com o objetivo de legalizar as antigas "prisões para averiguações", realizadas pela polícia e, muitas vezes, asseguradas pelo Judiciário.

4. **Princípios constitucionais** – os direitos humanos são postos como fundamentais na Constituição Federal de 1988, sempre incluídos nas discussões dos conflitos individuais e coletivos.

Os princípios constitucionais servem como parâmetros para a resolução de conflitos, sendo essenciais para a proteção dos direitos fundamentais.

Para MELLO,[50] princípio constitucional é:

Mandamento nuclear de um sistema, verdadeiro alicerce deste, disposição fundamental que se irradia sobre diferentes normas comparando-lhes o espírito e servindo de critério para sua exata compreensão e inteligência, exatamente por definir a lógica e a racionalidade do sistema normativo, no que lhe confere a tônica e lhe dá sentido harmônico.

Os princípios fundamentam a existência das regras jurídicas, de forma que as demais normas que se contrapõem aos princípios tendem a perder a sua validade. Os princípios são considerados premissas que norteiam o ordenamento jurídico, como esferas no espaço onde gravitam à sua volta, de forma harmônica, as demais normas jurídicas.

Dentre inúmeras funções dos princípios destaca-se a interpretativa pois, os princípios também se destinam a servir de critério de interpretação das normas por parte do operador do direito. Ante o caso concreto,

---

50. MELLO, Celso Antônio Bandeira de. *Conteúdo Jurídico do Princípio da Igualdade.* 3. ed. São Paulo: Malheiros Editores, 2000.

o intérprete não pode deixar de observar a orientação dada pelos princípios ou poderá implicar no desvirtuamento do espírito da lei.

Com fundamentos no princípio da legalidade e na separação dos poderes, ambos resguardados pela Constituição Cidadã, a criação de lei em âmbito penal somente pode se dar por lei ordinária. Desta forma, vários são os aspectos que contrariam a criação de lei penal por medidas provisórias.

Pelo princípio da separação dos poderes a função de legislar sobre matéria penal é do Poder Legislativo, e não do Executivo. Qualquer medida provisória que contrarie esse princípio deve ser declarada inconstitucional. O processo legislativo regular deve atender a iniciativa, discussão, votação, sanção/veto, promulgação, publicação e vigência.

Sendo assim, um dos principais momentos da elaboração de uma lei é a discussão realizada pelos representantes do povo, na Câmara dos Deputados e nas dos estados e também no Senado Federal. As medidas provisórias, por sua vez, começam a regular as situações por ela abrangidas a partir de sua publicação. A decisão de inovar no ordenamento jurídico não vem dos eleitos pelo povo para tanto, mas sim do presidente da República, eleito para administrar o país.

Pode ocorrer de a medida provisória ser rejeitada pelo Congresso Nacional. Nesse caso, a simples reparação do dano sofrido por meio de indenização é uma solução demasiadamente simplista para as pessoas, presas em decorrência de inovações trazidas por uma MP. Não satisfaz a exigência constitucional da dignidade da pessoa humana e, ao mesmo tempo, infringe o *status libertatis* dos cidadãos.

Para a edição de uma medida provisória são exigidos os requisitos da *relevância* e da *urgência*. Quanto à primeira, não há discussão de que a matéria penal é de extrema relevância dentro do ordenamento jurídico. Quanto à urgência, contudo, não se vislumbra situação em que o presidente da República, por sua vontade única e isolada, conclua pela urgência de inovação do sistema jurídico-penal, desprezando a necessidade de discussão e reflexão de muitos.

Uma medida provisória, enquanto não aprovada pelo Congresso Nacional, não é lei, mas apenas possui força de lei. É certo que não se pode cogitar a hipótese de ela ficar com seus efeitos suspensos até que se convertesse em lei. Se assim fosse, poderia ser equiparada a um mero projeto de lei do Legislativo. Além do mais, onde estaria a urgência exigida? Após a promulgação da Emenda Constitucional nº 32/2001, que conferiu nova redação ao art. 62, § 1º, inciso I, alínea "b" da Constituição, tornou-se proibida expressamente a edição de medidas provisórias sobre matéria relativa a direito penal, processual penal e processual civil.

Há tempos se busca inserir no ordenamento jurídico brasileiro a prisão temporária em caráter de urgência, como medida para reduzir a crescente criminalidade nacional. Apresentadas as grandes polêmicas que cercam o tema, abordou-se a questão de se considerar a prisão temporária formalmente inconstitucional. Aponta-se que, de fato, a Lei nº 7.960/1989, que regula a matéria, teve origem na Medida Provisória nº 111/1989. Ou seja, não foi respeitado o devido processo legal exigido para a criação de nova lei. Além disso, matéria de direito penal e processo penal são de competência exclusiva do Poder Legislativo. E, em se tratando de prisão temporária, coube ao Poder Executivo dispor sobre a matéria. Assim houve violação da separação dos Poderes.

Mas, como se observou, essa opinião não é unânime. Existem posições que defendem a medida cautelar, considerando-a em perfeita consonância com a Constituição Federal e a discussão não se deu por encerrada.

Outro questionamento é quanto a inconstitucionalidade material da lei. Não há como negar que a redação da Lei nº 7.960/1989 é confusa, mal feita e ainda dá margem a diversas interpretações. Os requisitos dessa lei devem ser bem analisados quando da decretação da prisão temporária, de modo que não violem a presunção de inocência, expressamente protegida pela Constituição, em cláusula pétrea.

Assim, não se pode prender um indivíduo quando a ele couber a liberdade provisória, visto que se trata de mandamento constitucional. E em muitos casos não se observa esta regra, tornando-se, dessa maneira, inconstitucional a medida.

A prisão temporária, que não é disposta na Constituição, tendo sido instituída através de norma infraconstitucional, limita os direitos individuais, pois, sendo decretada antes da instauração da ação penal, o Estado concentra suas atenções mais para a sociedade do que para o indivíduo.

Essa assertiva encontra sustentação nos princípios da presunção de inocência, da ampla defesa e do contraditório previstos na Carta Magna, mas ao desprezá-los, o Estado acolhe os valores sociais em detrimento dos individuais.

Há aplicação indiscriminada do princípio do *in dubio pro societate*, em detrimento do estado de inocência do acusado, uma vez que mesmo sem o magistrado estar convicções sobre a autoria do crime, entende-se que o investigado deva ser preso para serem realizadas averiguações dos fatos relatados pela parte acusatória. Por força da Constituição Federal, se não há certeza da materialidade e autoria do crime, que a decisão seja proferida em favor do acusado, não da sociedade.

A má redação da lei é evidente. Não é difícil notar que a medida é por vezes injusta, pois não busca critérios suficientes para se prender aquele que é realmente suspeito de cometer um crime. Apesar da aparência de legalidade, a prisão temporária nada mais é do que a prisão para averiguações, derrubada pela Constituição de 1988, e que mesmo sendo decretada por um magistrado tendo como objetivo auxiliar nas investigações, por vezes, aquilo que "auxilia as investigações" nada tem de suspeito.

Percebe-se que a prisão temporária possui os mesmos elementos da prisão preventiva, que poderá ser decretada como garantia de ordem pública, da ordem econômica, por conveniência da instrução criminal, ou para assegurar a aplicação da lei penal, quando houver a prova da existência do crime e indício suficiente da autoria. Dessa forma, não há justificativa para a instituição de uma prisão temporária, considerando que já existia a aplicação da preventiva, que pelo art. 312 do CPP engloba todos os requisitos para a instituição das demais prisões provisórias. Por causa desse exagero de possibilidades de prisões ditas cautelares, criam-se conflitos que dificultam o andamento do processo penal e, consequentemente, prejudicam as decisões dos juízes.

Não se pode dizer que a medida não trouxe uma falsa impressão de 'sociedade protegida'. E isso consola muitas vezes as pessoas que temem a

5. Título IX – da prisão, das medidas cautelares e da liberdade provisória

violência urbana. Contudo, não se pode criar institutos que visem a prender pessoas sem maiores preocupações, uma vez que o resultado pode ser ainda pior. Como se sabe, o sistema prisional está falido. Não há mais quem defenda que a prisão é capaz de ressocializar um indivíduo. Pelo contrário, nas condições atuais, cada vez mais, é possível constatar em reportagens e pesquisas a revelação de que, ao ser presa, uma pessoa tem maior probabilidade de voltar a delinquir. Tal realidade se dá pela aparente falta de infraestrutura nos estabelecimentos prisionais brasileiros.

Não é à toa que as cadeias são conhecidas como "universidades do crime", pois com a ineficácia de projetos sociais nesse campo, a ociosidade dos detentos leva-os a dividir experiências do crime. E sendo assim, uma forma de se reduzir a simples retenção de pessoas atrás das grades seria pensar em políticas sociais de promoção de oportunidades aos grupos mais vulneráveis à delinquência. Todo problema tem uma origem, e é preciso identificá-lo antes de se conseguir extingui-lo na raiz.

Fica claro ser essa forma de prisão mais um instituto colocado para conter o clamor público, buscando a confissão de um modo arbitrário com emprego de coação contra o acusado. Este deve ser considerado inocente até que provem o contrário e que sejam esgotadas todas as formas de impugnação das alegações da acusação.

A aplicação da prisão temporária deve ser extremamente necessária, e seus institutos devem ser respeitados, como o prazo, por exemplo. Caso contrário, ficará evidente que o propósito da prisão é outro. A prisão temporária quebra a referência de que a liberdade é a regra e a prisão é a exceção, que se verifica no ordenamento jurídico brasileiro apoiada em uma constituição conhecida com cidadã em razão da ampla tutela aos direitos individuais que conferiu.

    a) **Princípio da legalidade** – o princípio da legalidade, sem dúvida alguma, é o mais importante do direito penal. Conforme se extrai do art. 1º do Código Penal, bem como do inciso XXXIX do art. 5º da Constituição Federal, não se fala na existência de crime se não houver uma lei definindo-o como tal.

Sendo justamente pela legalidade que se permite falar em proporcionar dignidade. Pois, esse é outro aspecto importante, e um dos fundamentos agasalhados pela Carta Magna: o princípio da dignidade da pessoa humana. Devido à sua importância, este deve estar inserido em todo o ordenamento jurídico e em todas as decisões estatais, guiando a atuação do Executivo, do Legislativo e do Judiciário.

Ponderando sobre esse aspecto, é *mister* afirmar que o direito penal, no Estado democrático de Direito, deve atuar como *ultima ratio*, isto é, deve ser fragmentário, garantista, e deve ser usado com o fim exclusivo e tão somente para a proteção de bens jurídicos, e não como forma de controle estatal sobre o cidadão. A lei é a única fonte do direito penal quando se quer proibir ou impor condutas sob ameaça de sanção. Tudo o que não for expressamente proibido é lícito em direito penal.

Assim, o direito processual penal deve atender aos aspectos constitucionais, observando a proteção dos direitos fundamentais do indivíduo, que muitas vezes são violados tanto pelo Estado como por terceiros. Portanto, a interpretação da Constituição influencia-se diretamente por princípios, estando estes integrados ao sistema jurídico. O princípio da legalidade vem insculpido no inciso XXXIX do art. 5º da Constituição Federal, que diz: "Não há crime sem lei anterior que o defina, nem pena sem prévia cominação legal", redação que pouco difere daquela contida no art. 1º do Código Penal.

O princípio da legalidade foi previsto expressamente em todos os nossos códigos, desde o Código Criminal do Império, de 1830, até a reforma da parte geral do Código de 1940, ocorrida em 1984.

Por intermédio da lei, existe a segurança jurídica do cidadão de não ser punido se não houver uma previsão legal criando o tipo incriminador; ou seja, definindo as condutas proibidas (comissivas ou omissivas), sob a ameaça de sanção.

Toda imposição de pena pressupõe uma lei penal (*nullum poena sine lege*). Por isso, só a cominação do mal pela lei é o que fundamenta o conceito e a possibilidade jurídica de uma pena. A imposição de uma pena está condicionada à existência de uma ação cominada (*nulla pena sine crimine*). Por fim, é mediante a lei que se vincula a pena ao fato, como pressuposto juridicamente necessário. O fato legalmente cominado (o pressuposto legal) está condicionado pela pena legal (*nullum crimen sine poena legal*). Portanto, o mal, como consequência jurídica necessária, será vinculado mediante lei a uma lesão jurídica determinada.

b) Princípio da lesividade no direito penal – importa destacar que existem três concepções sobre a atuação do direito penal na vida das pessoas. A corrente da "lei e ordem", adotada principalmente nos países norte-americanos, ostenta a ideia da atuação máxima do direito penal, com a aplicação de penas severas; a corrente "abolicionista", pugna pela extinção do direito penal, eis que a defesa de bens jurídicos poderia ser buscada em outros ramos menos severos do Direito; a última e intermediária corrente é a do "direito penal mínimo", cuja ideia principal é que o direito penal é mesmo um mal necessário, todavia inevitável pra proteger os bens mais relevantes socialmente.

Contudo, entre nós é venerada a ideia minimalista no direito penal, que por sua vez advoga que, para racionalizar e minimizar a atuação do sistema repressivo por excelência foi formulada a teoria do bem jurídico penal, de sorte que o Estado só tem legitimidade para exercer o direito de ação quando se vê diante de uma conduta que tenha lesionado um bem jurídico ou o tenha exposto em perigo de lesão.

Daí surge o aforismo *nullum crimen sine injuria* – não há crime sem lesão ou perigo de lesão a um bem jurídico relevante.

c) Prisão temporária e o princípio da presunção de inocência – o princípio em estudo só foi introduzido de forma expressa em nosso ordenamento jurídico com o advento da Constituição Federal de 1988. Todavia, já vinha sendo aplicado, ainda que de maneira acanhada, em decorrência dos princípios do contraditório (onde as partes tem igualdade processual, inexistindo qualquer vantagem para a acusação) e da ampla defesa (o qual confere a faculdade de se acompanhar os elementos de convicção apresentados pela acusação e de produzir o que lhe pareça conveniente e útil para demonstrar a improcedência da imputação) contemplados no direito processual penal. Estando, então, positivados na Constituição Federal de 1988, no art. 5º, LVII, o qual dispõe que "ninguém poderá ser considerado culpado até o trânsito em julgado da sentença penal condenatória", tutelando a liberdade do cidadão.

A Declaração Universal dos Direitos Humanos prevê que toda pessoa acusada de delito tem direito a que se presuma sua inocência enquanto não se provar sua culpabilidade, de acordo com a lei e em processo público no qual se assegurem todas as garantias necessárias para a sua defesa. Assim, o acusado é considerado inocente até que provem o contrário, cabendo à acusação o dever de comprovação dos fatos alegados.

Desse modo, ao investigar a prática de um crime, o poder público tem de evitar medidas que causem restrições ao acusado, tendo em vista não haver confirmação da culpa deste, evitando, então, que ele sofra sanções pela simples possibilidade de cometimento de um crime.

Logo, entende-se que, enquanto não forem esgotados todos os meios de defesa do acusado não se pode aplicar qualquer sanção que restrinja o direito de liberdade da pessoa, bem como não se pode presumir a sua culpabilidade.

Segundo posicionamento de MIRABETE[51]

Existe apenas uma tendência à presunção de inocência, ou, mais precisamente, um estado de inocência, um estado jurídico no qual o acusado é inocente até que seja declarado culpado por uma sentença transitada em julgado. Por isso, a nossa Constituição Federal não 'presume' a inocência, mas declara que 'ninguém será considerado culpado até o trânsito em julgado de sentença penal condenatória (art. 5º, LVII), ou seja, que o acusado é inocente durante o desenvolvimento do processo e seu estado só se modifica por uma sentença final que o declare culpado.

---

51. MIRABETE, op. cit., p. 149.

Caso o magistrado fique sem a comprovação do teor das acusações, e não tendo a certeza do nexo causal entre fato e autoria, a incerteza deve beneficiar o acusado, já que não ficou comprovada a sua participação no delito. Assim, podemos concluir que durante toda a fase processual o acusado é considerado inocente, somente podendo ser declarado culpado com sentença penal condenatória irrecorrível.

O ônus da prova fica ao encargo da acusação, não tendo o acusado dever de provar sua inocência, pois será considerado inocente até a sentença penal condenatória definitiva.

É certo que as prisões provisórias são decretadas como medidas cautelares de restrição de liberdade do indivíduo no curso do processo, com a justificativa de dar eficácia ao provimento jurisdicional. Ocorre que a prisão temporária incide em uma fase extraprocessual, sendo este tipo de prisão decretada antes mesmo da instauração da ação penal, momento em que não há, ainda, atividade de caráter processual, somente investigações policiais.

Logo, a prisão temporária atende apenas às prévias investigatórias. Além do mais, após a conclusão do inquérito, o preso poderá não mais ser o indiciado.

O que se percebe é que a prisão temporária alcança traços inquisitoriais ao utilizar o encarceramento como forma de coagir o acusado, buscando a confissão deste o quanto antes. É importante ressaltar que como consequência do princípio da presunção de inocência, o acusado pode manter-se em silêncio, não sendo obrigado a constituir provas contra si e, consequentemente, fornecer ao magistrado sua versão dos fatos. O acusado não pode ser compelido a fornecer prova de sua inocência, já que esta é presumida.

d) Prisão temporária e o princípio da proporcionalidade – a Constituição Federal e a Declaração de Direitos Humanos buscam um equilíbrio entre a preservação dos direitos fundamentais, como a liberdade, e a defesa da coletividade, que é uma tarefa das mais árduas. E é exatamente nesse difícil exercício de ponderação que se encontra o instituto da prisão temporária, em contraposição com o princípio da presunção de inocência.

Tal afirmação comprova-se pela imensa discussão do tema entre diversos doutrinadores que se dividem entre a constitucionalidade e inconstitucionalidade da prisão temporária, apesar da pacificação da questão perante o Supremo Tribunal Federal.

Sendo assim, a única maneira encontrada de se fazer a perfeita adequação do instituto da prisão temporária com o princípio constitucional da presunção de inocência foi interpretá-lo segundo outro princípio, o da proporcionalidade, ou da razoabilidade.

Prender um acusado antes da sentença penal condenatória definitiva, restringindo seu direito à liberdade, só é possível desde que essa privação seja adequada, necessária e proporcional, visando o bem comum de toda a sociedade. Utiliza-se os termos "adequada" porque a medida a ser adotada pelo poder público deve representar o meio idôneo para se alcançar o objetivo pretendido; "necessária" porque se exige que essa medida, dentre aquelas que se apresentam possíveis, seja a menos gravosa ao indivíduo; e "proporcional" porque a opção escolhida pelo Estado deve buscar a proporcionalidade entre o bem que se pretende proteger com aquela medida e o sacrifício da liberdade individual que será feita por ela.

Pelo princípio da proporcionalidade os institutos da prisão temporária e o princípio da presunção de inocência podem conviver, sempre relembrando que no caso das prisões cautelares também devem ser observadas mais duas exigências: a decretação da prisão deve ser feita por autoridade judicial e há necessidade de uma decisão devidamente fundamentada, que exponha com clareza os motivos que levaram à decretação daquela medida.

O princípio da proporcionalidade, aliás, deve pautar não só a atuação do Estado no caso de prisões cautelares, mas também todo e qualquer ato que signifique restrições de direitos individuais.

Ademais, o princípio da proporcionalidade é o bom senso, e direito é bom senso, como ensinam os professores nos primeiros anos do estudo do Direito. Através da proporcionalidade, ou da razoabilidade, pode-se aferir exatamente a medida necessária à aplicação da lei ao caso concreto, ou seja, a atividade jurisdicional do Estado deve sempre se pautar por esse princípio para oferecer à sociedade o que ela procura e exige desse mesmo Estado: justiça.

Capítulo IV – Da Prisão Domiciliar

Do art. 317

Art. 317. A prisão domiciliar consiste no recolhimento do indiciado ou acusado em sua residência, só podendo dela ausentar-se com autorização judicial."

- Redação anterior: Da Apresentação Espontânea do Acusado – Art. 317. A apresentação espontânea do acusado à autoridade não impedirá a decretação da prisão preventiva nos casos em que a lei a autoriza.

O que deve ficar bem esclarecido é a impossibilidade de se confundir a apresentação espontânea com prisão em flagrante, logo, para que uma pessoa que se apresenta espontaneamente à autoridade competente, não deverá permanecer presa, salvo de terminação judicial fundamentada. No entanto, embora tenha sido revogada regra nesse sentido, não deve-se desconsiderar esta situação. Assim, com o advento da alteração legislativa, o artigo comentado apenas regulamenta a forma de como deve ser executada a modalidade de restrição da liberdade, que terá seus parâmetros para decretação expostos no artigo seguinte.

Do art. 318

Art. 318. Poderá o juiz substituir a prisão preventiva pela domiciliar quando o agente for:

I – maior de 80 (oitenta) anos;

II – extremamente debilitado por motivo de doença grave;

III – imprescindível aos cuidados especiais de pessoa menor de 6 (seis) anos de idade ou com deficiência;

IV – gestante a partir do 7º (sétimo) mês de gravidez ou sendo esta de alto risco.

Parágrafo único. Para a substituição, o juiz exigirá prova idônea dos requisitos estabelecidos neste artigo."

- Redação anterior: Art. 318. Em relação àquele que se tiver apresentado espontaneamente à prisão, confessando crime de autoria ignorada ou imputada a outrem, não terá efeito suspensivo a apelação interposta da sentença absolutória, ainda nos casos em que este Código lhe atribuir tal efeito.

Dentro das medidas cautelares trazidas pela legislação em vigor, a espécie que consiste no recolhimento do indiciado ou acusado em sua residência, só podendo dela ausentar-se com autorização judicial. Não se trata de novidade em nosso ordenamento jurídico. Essa medida cautelar servirá como substitutivo de prisão preventiva quando o agente for maior de 80 anos (art. 1º, da Lei nº 10.741/2003 – Estatuto do Idoso); quando estiver extremamente debilitado por motivo de doença grave; quando sua presença for imprescindível aos cuidados especiais de pessoa menor de seis anos de idade (art. 2º, da Lei nº 8.069/1990 – Estatuto da Criança e do Adolescente) ou com deficiência, e, por último, se for gestante a partir do sétimo mês de gravidez ou sendo a gestação de alto risco. Essa substituição da prisão preventiva pela prisão domiciliar somente será deferida se houver prova idônea dos requisitos referidos, sendo um direito subjetivo público do indiciado ou acusado se preenchidas as exigências legais.

Trata de benefício concedido somente a determinadas pessoas, que encontrarem-se em situações específicas e especiais.

Capítulo V – Das Outras Medidas Cautelares

Do art. 319

Art. 319. São medidas cautelares diversas da prisão:

I – comparecimento periódico em juízo, no prazo e nas condições fixadas pelo juiz, para informar e justificar atividades;

II – proibição de acesso ou frequência a determinados lugares quando, por circunstâncias relacionadas ao fato, deva o indiciado ou acusado permanecer distante desses locais para evitar o risco de novas infrações;

III – proibição de manter contato com pessoa determinada quando, por circunstâncias relacionadas ao fato, deva o indiciado ou acusado dela permanecer distante;

IV – proibição de ausentar-se da Comarca quando a permanência seja conveniente ou necessária para a investigação ou instrução;

V – recolhimento domiciliar no período noturno e nos dias de folga quando o investigado ou acusado tenha residência e trabalho fixos;

VI – suspensão do exercício de função pública ou de atividade de natureza econômica ou financeira quando houver justo receio de sua utilização para a prática de infrações penais;

VII – internação provisória do acusado nas hipóteses de crimes praticados com violência ou grave ameaça, quando os peritos concluírem ser inimputável ou semi-imputável (art. 26 do Código Penal) e houver risco de reiteração;

VIII – fiança, nas infrações que a admitem, para assegurar o comparecimento a atos do processo, evitar a obstrução do seu andamento ou em caso de resistência injustificada à ordem judicial;

IX – monitoração eletrônica.

§ 1º. (Revogado).

§ 2º. (Revogado).

§ 3º. (Revogado).

§ 4º. A fiança será aplicada de acordo com as disposições do Capítulo VI deste Título, podendo ser cumulada com outras medidas cautelares.

- Redação anterior: Capítulo V – Da Prisão Administrativa – Art. 319. A prisão administrativa terá cabimento: I – contra remissos ou omissos em entrar para os cofres públicos com os dinheiros a seu cargo, a fim de compeli-los a que o façam; II – contra estrangeiro desertor de navio de guerra ou mercante, surto em porto nacional; III – nos demais casos previstos em lei. § 1º A prisão administrativa será requisitada à autoridade policial nos casos dos nºs I e III, pela autoridade que a tiver decretado e, no caso do nº II, pelo cônsul do país a que pertença o navio. § 2º. A prisão dos desertores não poderá durar mais de três meses e será comunicada aos cônsules. § 3º. Os que forem presos à requisição de autoridade administrativa ficarão à sua disposição.

Conforme a nova redação, o capítulo V passou a ter como definição a expressão "Das outras medidas cautelares", que engloba os arts. 319 e 320 e acaba definitivamente com a previsão legal da prisão administrativa (diga-se de passagem não recepcionada pela Constituição). Nesse capítulo estão previstas outras medidas cautelares diversas da prisão preventiva e da prisão domiciliar, sendo necessário o esclarecimento de que a prisão preventiva caberá de forma subsidiária, ou seja, será utilizada apenas em caso de as medidas cautelares se apresentarem insuficientes.

- Assim, o rol das medidas cautelares descritas no artigo em análise são as seguintes:
— **Primeira**: consiste no comparecimento periódico em juízo, no prazo e nas condições fixadas pelo juiz para informar e justificar atividades. Esse método já é utilizado com a aplicação do art. 89 da Lei nº 9.099/1995 (suspensão condicional do processo).
— **Segunda**: se dá pela proibição em frequentar determinados lugares quando, por circunstâncias relacionadas ao fato, deva o indiciado ou acusado permanecer distante desses locais para evitar o risco de novas infrações penais.
— **Terceira**: é a proibição de manter contato com pessoa especificamente determinada quando, por circunstâncias relacionadas ao fato discutido no processo, deva o indiciado ou acusado dela permanecer distante.
— **Quarta**: trata da proibição de se ausentar da comarca quando a permanência seja conveniente ou necessária para a investigação ou instrução ou, em caso da proibição estar relacionada ao ausentar-se do país, a medida cautelar deverá ser comunicada pelo juiz às autoridades encarregadas de fiscalizar as saídas do território nacional, intimando-se o indiciado ou acusado para entregar o passaporte no prazo de 24 horas.
— **Quinta**: se dá pelo recolhimento domiciliar no período noturno e nos dias de folga, quando o indiciado ou acusado tenha residência e trabalho fixos.
— **Sexta**: consiste na suspensão do exercício de função pública ou de atividade de natureza econômica ou financeira quando houver justo receio de sua utilização para a prática de infrações penais.
— **Sétima**: a internação provisória do acusado pode ser decretada nas hipóteses de crimes praticados com violência ou grave ameaça, quando os peritos concluírem ser inimputável ou semi--imputável (art. 26 do CP) e houver risco de reiteração.
— **Oitava**: a medida cautelar consiste na liberdade provisória com fiança, com as seguintes finalidades: a) assegurar o compare-

5. Título IX – da prisão, das medidas cautelares e da liberdade provisória 111

cimento a atos do processo; b) evitar a obstrução do seu andamento; c) em caso de resistência injustificada à ordem judicial. A liberdade provisória com fiança poderá ser cumulada com outras medidas cautelares.

— **Nona:** a previsão do monitoramento eletrônico, que devido a sua controvérsia merece maiores esclarecimentos.

Conforme demonstrado, o direito processual penal ao longo do tempo sofreu mudanças, especialmente no que se refere à imposição de medidas que impliquem afetação dos direitos fundamentais da pessoa humana. Logo, inevitavelmente as alternativas alheias à privação da liberdade foram ganhando força não só nos ideais políticos como também nas mesas de estudos e debates jurídicos.

Quanto ao instituto do monitoramento eletrônico, este foi tratado, a princípio, na LEP, nos arts. 122, 124, 146-B, 146-C e 146-D. Todavia, o sistema criado apresenta diversas precariedades.

O monitoramento eletrônico consiste em fiscalizar ou monitorar aqueles que cumprem penas privativas de liberdade ou aos que são submetidos a medida cautelar de monitoramento eletrônico, mediante o uso de equipamentos tecnológicos que permitem que se saiba a exata localização em que o indivíduo se encontra.

- A doutrina busca classificar o monitoramento de três formas:
— **Sistema passivo:** os usuários são periodicamente acionados pela central de monitoramento por meio de telefone ou *pagers* para garantir que eles se encontram onde deveriam estar, conforme a determinação judicial. A identificação do indivíduo ocorre por meio de senhas ou biometria, como impressão digital, mapeamento da íris ou reconhecimento de voz.
— **Sistema ativo:** o dispositivo instalado em local determinado (por exemplo, na casa) transmite o sinal para uma estação (central) de monitoramento. Assim, se o usuário se afastar do local determinado, acima da distância estabelecida, a central é acionada.
— **Sistema de posicionamento global (GPS):** consiste em três componentes: satélites, estações de terra conectadas em rede e

dispositivos móveis. A tecnologia elimina a necessidade de dispositivos instalados em locais predeterminados, podendo ser utilizada como instrumento de detenção, restrição ou vigilância. O GPS pode ser utilizado de forma ativa, permitindo a localização do usuário em tempo real ou, na forma passiva, quando o dispositivo utilizado pelo usuário registra toda sua movimentação ao longo do dia. Os dados são retransmitidos uma única vez a central, que gera o relatório diário.

A privação da liberdade de algum modo passa a ser tratada de forma secundária, revelando imediatamente sua falência em relação a todo critério de utilidade social ou mesmo processual.

Situação delicada aconteceu no Tribunal de Justiça do Rio de Janeiro, que determinou a suspensão do uso de tornozeleiras eletrônicas em presos do regime semiaberto do sistema penitenciário estadual em razão da frustração ocorrida na execução da utilização dessa espécie de monitoramento. Em sua justificativa, o tribunal fluminense apontou a dificuldade para a localização dos presos que fugiram.

A Ordem dos Advogados do Brasil, seção Rio de Janeiro, entende que o monitoramento eletrônico de presos não deve ser desprezado, porque pode trazer benefícios para o sistema prisional do estado, como desafogar as penitenciárias.

Para a conselheira Maíra Fernandes, integrante da Comissão de Direitos Humanos da OAB-RJ, o sistema deve ser aprimorado e usado em presos do regime aberto, em substituição à obrigatoriedade do detento ter que dormir na cadeia. Segundo a conselheira, outra questão que precisa ser mais bem trabalhada no estado é a articulação entre o Judiciário, o sistema penitenciário e as delegacias de polícia.

"Há uma profunda desarticulação entre a vara de Execuções Penais, a Secretaria de Administração Penitenciária e a Polinter", assinalou. "Uma vez identificado um rompimento [na tornozeleira] tinha que ter um serviço de inteligência, de informática, para haver uma comunicação mais rápida, porque até as delegacias receberem o comunicado [da fuga], feito em tempo real, o preso, que pode estar do lado de uma delegacia, consegue fugir."

5. Título IX – da prisão, das medidas cautelares e da liberdade provisória   113

Ainda na avaliação de Maíra Fernandes, a Secretaria de Administração Penitenciária deveria analisar a qualidade das tornozeleiras compradas. O modelo é revestido de borracha e tem duas partes: uma que fica na cintura e outra que fica no tornozelo da pessoa. "Talvez não seja um modelo adequado. No Rio Grande do Sul, por exemplo, o modelo adotado não apresentou problema. Dos 116 presos que receberam o equipamento, nenhum fugiu."*

Do art. 320

Art. 320. A proibição de ausentar-se do País será comunicada pelo juiz às autoridades encarregadas de fiscalizar as saídas do território nacional, intimando-se o indiciado ou acusado para entregar o passaporte, no prazo de 24 (vinte e quatro) horas.

• Redação anterior: Art. 320. A prisão decretada na jurisdição cível será executada pela autoridade policial a quem forem remetidos os respectivos mandados.

A comunicação entre os órgãos da administração pública deve se dar de forma eficiente e dinâmica para não frustrar os preceitos e a finalidade do processo penal, logo, a restrição imposta deverá ser comunicado de imediato às autoridades responsáveis pela expedição e autorização para saída do país.

Capítulo VI – Da Liberdade Provisória, com ou sem Fiança

Do art. 321

Art. 321. Ausentes os requisitos que autorizam a decretação da prisão preventiva, o juiz deverá conceder liberdade provisória, impondo, se for o caso, as medidas cautelares previstas no art. 319 deste Código e observados os critérios constantes do art. 282 deste Código.

I – (revogado)

---

* Disponível em: <http://ultimainstancia.uol.com.br/conteudo/noticia>. Acessado em 24 mai. 2011.

II – (revogado).

- Redação anterior: Capítulo VI – Da Liberdade Provisória, com ou sem Fiança – Art. 321. Ressalvado o disposto no art. 323, III e IV, o réu livrar-se-á solto, independentemente de fiança: I – no caso de infração, a que não for, isolada, cumulativa ou alternativamente, cominada pena privativa de liberdade; II – quando o máximo da pena privativa de liberdade, isolada, cumulativa ou alternativamente cominada, não exceder a três meses.

O capítulo VI continua a tratar da liberdade provisória, com ou sem fiança. Nesse capítulo foram modificados os arts. 321 a 325, os arts. 334 a 337 e o art. 341, os arts. 343 a 346, além do art. 350.

Dispõe o primeiro dos artigos que, ausentes os requisitos que autorizam a decretação da prisão preventiva, o juiz deverá conceder a liberdade provisória, impondo, se for o caso, as medidas cautelares previstas no art. 319 do Código de Processo Penal, e observando os critérios constantes do art. 282. Aqui, extingue-se a possibilidade da concessão da liberdade provisória sem fiança e sem qualquer obrigação para o indiciado ou acusado (por ser o crime inafiançável e não caber a prisão preventiva).

- **Da utilização do *habeas corpus*** – conforme amplamente discutido, desrespeito às regras de subsidiariedade da prisão preventiva, e a não aplicação retroativa aos casos regulados pela regra anterior à Lei nº 12.403/2011, por se tratar de regra mais benéfica caracteriza constrangimento ilegal, perfeitamente passível de ataque via *habeas corpus*. Dessa forma, alguns esclarecimentos são necessários para utilização do *writ* de forma correta e efetiva.

Como bem assevera BARBOSA,[52] o *habeas corpus* possui registro histórico, marcando-se na Inglaterra no início do século XVII, onde, desde então, vem resistindo a todo tipo de governo e sistemas políticos, na maioria deles autoritaristas, aristocratas, onde muitas vezes fora atacado e em alguns momentos restringido, seja no que se refere ao seu alcance como também a postos inerentes a sua aplicação, mesmo assim, o instituto sempre evoluiu na direção do objeto que lhe é afeto, qual seja:

---

52. BARBOSA, Rui. *Comentários à Constituição Federal Brasileira*. São Paulo: Saraiva, 1968.

a proteção da liberdade do ser humano. Tal garantia visa a proteger um dos direitos fundamentais do ser humano de maior relevância, como já dito, a liberdade ou, como alguns preferem definir, "restabelecer o *status libertatis* do indivíduo",[53] liberdade esta que, por algum tempo, se discutiu muito a amplitude de sua abrangência, sendo, hoje, pacífico o entendimento de que se limita a proteger o direito à liberdade física, de ir e vir, mas por muito tempo questionou-se a possibilidade de utilizar o *habeas corpus* para proteger o direito à liberdade em todos os sentidos possíveis de sua abrangência, como a religiosa, por exemplo.

É certo que todo sistema penal se caracteriza pelo momento histórico político vivido no período de sua instituição, como afirma SCARANCE:

> Disso tudo extrai-se que o processo penal não é apenas um instrumento técnico, refletindo em si valores políticos e ideológicos de uma nação. Espelha, em determinado momento histórico, as diretrizes básicas do sistema político do país.[54]

Mesmo assim, o *habeas corpus* vem subsistindo, e também resistindo, ao tempo e às mudanças governamentais das mais variadas formas e ideologias. No ano de 1832, com a promulgação do Código Criminal do Império na vigência da Constituição do Império de 1824, foi instituído pela primeira vez em nosso ordenamento jurídico o *habeas corpus*, desde então, gradativamente, esse instituto foi recebendo a devida importância, e a cada constituição promulgada, ganhava maior amplitude e respeito mais intenso.

Toda essa importância dada ao *habeas corpus* é fruto de evolução jurídica, não só no âmbito estatal interno, mas também internacionalmente, pela evolução protetiva dos direitos fundamentais do ser humano, chegando-se à conclusão de que a mera descrição dos respectivos direitos não foi e ainda não é suficiente para que sejam respeitados. Por isso, há necessidade de se criar instrumentos protetivos desses direitos,

---

53. MORAES, citado por NOGUEIRA, S. D'Amato. *As reformas do Código de Processo Penal*. Disponível em: <http://www.senado.gov.br/novocpp/bibliografia.asp>. Acessado em: 12 mai. 2011.

54. SCARNCE, op. cit., p. 16.

caso contrário poderiam restar como meras descrições normativas sem qualquer forma de efetividade. Esse posicionamento justifica o que foi dito anteriormente, quando tecidas considerações sobre a jurisdição constitucional das liberdades, ao defender a criação de um sistema processual respeitador dos direito fundamentais do ser humano, que conceda alternativas de solução caso algum direito seja violado.

Conforme bem assinala GRINOVER "o importante não é apenas realçar as garantias do acusado",[55] e ainda na mesma esteira LOPES JR.[56] citando Andrés Ibáñhes "[...] não se trata de garantir unicamente as regras do jogo, mas sim um respeito real e profundo dos valores em jogo, com os que – agora já não cabe jogar". Deve-se coaduná-los com a ordem jurídica constitucional em vigor, respeitá-las e, principalmente, protegê-las, disponibilizando-se meios de proteção e aplicação dos direitos fundamentais do ser humano. Com isso, na atual ordem constitucional, ganha grande relevo e importância (além da já existente, que é inerente ao objeto do instituto) o *habeas corpus*, podendo ser considerado grande instrumento democrático, respeitador e protetor do direito fundamental à liberdade, cumprindo sua função (protetiva/garantidora de direito) e alcançando objetivos (liberdade) previstos e resguardados pela ordem constitucional interna e externa/alienígena, contribuindo ainda para uma nova tendência jurídica de universalização dos direitos fundamentais, conforme acentua PIOVESAN ao afirmar que "é nesse cenário que se vislumbra o esforço de reconstrução dos direitos humanos, como paradigma e referencial ético a orientar a ordem internacional".[57] Não é esse tema o objetivo deste trabalho, porém fica registrado um importante ponto de estudo.

Com tudo isso, após a queda do governo imperial e, posteriormente, a do período ditatorial que governou por duas décadas nossa nação,

---

55. GRINOVER, Ada Pellegrine. As garantias constitucionais do processo. In: _____. *Novas tendências do direito processual*. Rio de Janeiro: Forense Universitária, 2000. (Ensaio).
56. LOPES JR., op. cit., p. 11.
57. PIOVESAN, Flávia. *Direitos Humanos e Justiça Internacional*. São Paulo: Saraiva. 2010, p. 9.

sempre se lutou e se fez imperar a existência do *habeas corpus,* mesmo diante de inúmeras tentativas de restrição ao seu alcance ou aplicação, conforme relata Élio Gaspari ao citar a instituição do AI-5 "ao suspender garantias constitucionais, permitiu-se tudo o que aconteceu no porão" e mais à frente conclui "há casos em que o combate ao terrorismo provoca a suspensão de algumas garantias constitucionais em regimes democráticos"[58] com a nova constituição, trazida em 1988, maior importância fora alçada ao *habeas corpus,* ao ser inserido no rol de princípios e direitos fundamentais predominantes em nossa ordem jurídica.

Começa, então, a democratização do direito, uma vez que os princípios fundamentais adotados pelas convenções internacionais de direitos humanos passam a ser tratados como "normas" vigentes, estruturantes de um ordenamento jurídico sólido e democrático, para tanto, eleva-se ao patamar de importância dos princípios basilares do processo penal constitucional, como bem assevera Bandeira de MELLO "o principio é um mandamento nuclear de um sistema"[59] tendo como exemplo os princípios do devido processo legal, do contraditório, do duplo grau de jurisdição, dentre outros não menos importantes.

Quando pensamos, falamos ou mesmo citamos a expressão "liberdade", concomitantemente somos levados ao Direito, porque a liberdade é um direito, seja individual ou coletivo, mas não se discute que é um direito inerente à pessoa humana. De forma individual, pode-se afirmar que a liberdade é um estado que pressupõe ações comissivas ou omissivas, livres de qualquer restrição, dentro de uma licitude, coadunando-se com os padrões sociais existentes. Por outro lado, ao pensarmos na liberdade de forma coletiva, podemos entender que a pessoa humana, por viver em um meio social, as suas atitudes, necessariamente, de uma forma ou de outra afetam ou interferem na esfera de vivência de outra pessoa inserida no mesmo contexto social, sendo necessária a criação de regras

---

58. GASPARI, Élio. *A Ditadura Escancarada.* São Paulo: Companhia das Letras, 2002. p. 24 e 26.
59. MELLO, Celso A. B. *Curso de Direito Administrativo.* 8. ed. São Paulo: Malheiros, 2002. p. 230.

para que o gozo do direito não afete ou obstrua a convivência com os demais integrantes.

A liberdade do ser humano pode se apresentar ou ser exercida de inúmeras formas, como afirma Pedro LESSA.[60] A doutrina, desde o século XIX, é pacífica em afirmar que, para efeitos de utilização do *habeas corpus*, a liberdade violada deve ser a de *ir, ficar* e *vir*, ou seja, defesa da liberdade física, não cabendo a utilização desse remédio constitucional para defesa dos demais direitos à liberdade existentes e alguns citados.

Ainda com base nos ensinamentos de Pedro LESSA[61] o procedimento adotado para defesa do direito à liberdade física é de cunho especial, não cabendo dilação probatória, sendo certo ainda que, na análise do *habeas corpus*, não se "julga" a liberdade, mas sim a "declara", não existindo a possibilidade de menção à existência e incidência do instituto da coisa julgada, tanto que, quantas vezes possíveis ou pretendidas pode-se impetrar novamente o pedido de *habeas corpus*, inclusive quando o motivo caracterizador da restrição seja o mesmo, e não tenha se alterado em nada sua essência.

Ainda sobre qual liberdade é tutelada pelo *habeas corpus,* o Supremo Tribunal Federal, em decisão proferida pelo Ministro Celso de MELLO,[62] assim corrobora o já exposto:

> A função clássica do habeas corpus restringe-se à estreita tutela da imediata liberdade de locomoção física das pessoas... Vale insistir, bem por isso, na asserção de que o habeas corpus, em sua condição de instrumento de ativação da jurisdição constitucional das liberdades, configura um poderoso meio de cessação do injusto constrangimento ao estado de liberdade de locomoção física das pessoas. Se essa liberdade não se expõe a qualquer tipo de cerceamento, e se o direito de ir, vir ou permanecer sequer se revela ameaçado, nada se justifica o emprego do remédio heroico do habeas corpus, por não estar em causa a liberdade de locomoção física (de todo inconfun-

---

60. LESSA, Pedro. *Estudo de Filosofia do Direito*. Campinas: Bookseller, 2000. p. 148.
61. Ibid., p. 206.
62. MELLO, Celso de. HC 100231 MC/DF – *Informativo* nº 555. Disponível em: <http://www.stf.jus.br>. Acessado em: 01 jan. 2009. passim.

5. Título IX – da prisão, das medidas cautelares e da liberdade provisória   119

dível com a "liberdade de locomoção pelos sítios informativos" existentes no universo virtual, cuja proteção é ora pretendida pelo impetrante).

Nesse contexto, o direito à liberdade física é o objeto primordial do *habeas corpus*, extirpando assim qualquer argumentação de utilização desse remédio constitucional de forma extensiva à proteção de outras liberdades alheias à física.

Conforme ensinamento de Aury LOPES JR.[63] uma das características do *sistema acusatório* é a possibilidade de se impugnar as decisões e o duplo grau de jurisdição, deixando claro que o instituto dos recursos é de suma importância para efetivação do sistema processual adotado pelo ordenamento jurídico pátrio. Sob essa ótica, passa, então, a não se admitir qualquer tipo de decisão irrecorrível, ou seja, todas as decisões judiciais, principalmente aquelas que afetam a órbita dos direitos fundamentais, serão passíveis de ataque via modalidade recursal, onde para cada ato decisório haverá um recurso específico. Com isso, cria-se a proteção de que toda decisão será dotada de reexame, no que se refere ao seu conteúdo e sua forma.

De acordo com a ativação da jurisdição constitucional das liberdades existem duas importantes perspectivas[64] que podem ser extraídas da necessidade de exigência dos recursos. A primeira e mais importante é a tutela dos interesses do acusado, ou seja, aquele que foi afetado pela decisão a ser atacada, seja pelo seu inconformismo ou mesmo por entender ser injusta a decisão. A outra, a decisão que, em um segundo momento, haja interesse do próprio Estado em rever, seja para confirmar ou alterar o seu conteúdo, de acordo com a necessidade de controle jurisdicional dos atos praticados no exercício da própria jurisdição, prezando, assim, por uma melhor prestação da tutela jurisdicional. O exercício da jurisdição é exercício de poder, e todo exercício de poder possui consequências. Se não houver uma via própria e efetiva para resistência ao exercício deste poder, uma vez que não pode o ser hu-

---

63. LOPES JR., op. cit., p. 60 e 61.
64. PACCELI, op. cit., p. 663.

mano escapar dele – eis que está disseminado por todo lugar[65] – estará se alargando a restrição impugnatória de decisões e retrocedendo aos ditames de um sistema inquisitorial.

Por óbvio, uma série de princípios regulam e norteiam todo o sistema recursal, princípios esses que, obrigatoriamente, devem ser seguidos e respeitados não só pelo órgão jurisdicional ao prestar a tutela, como também pelo legislador que, ao legislar regulamentos inerentes ao âmbito recursal, impede equívocos e excessos por parte do Estado, buscando, assim, paradoxalmente, frear aquilo que o legitimou, ou seja, limitar o poder punitivo estatal. Senão vejamos:

- Princípio do duplo grau de jurisdição;
- Princípio da voluntariedade dos recursos;
- Princípio da unirrecorribilidade;
- Princípio da fungibilidade
- Princípio da vedação da *reformatio in pejus*;

Do art. 322

Art. 322. A autoridade policial somente poderá conceder fiança nos casos de infração cuja pena privativa de liberdade máxima não seja superior a 4 (quatro) anos.
Parágrafo único. Nos demais casos, a fiança será requerida ao juiz, que decidirá em 48 (quarenta e oito) horas.
- Redação anterior: Art. 322. A autoridade policial somente poderá conceder fiança nos casos de infração punida com detenção ou prisão simples.
Parágrafo único. Nos demais casos do art. 323, a fiança será requerida ao juiz, que decidirá em 48 (quarenta e oito) horas.

Conforme a nova disposição do art. 322, a autoridade policial somente poderá conceder fiança nos casos de infração cuja pena privativa de liberdade máxima não seja superior a quatro anos, assim, nos demais casos, a fiança será requerida ao juiz, que decidirá em 48 horas. A lei relaciona como crimes inafiançáveis, em consonância com a Constituição Federal, os crimes de racismo, tortura, tráfico ilícito

---

65. FOUCAULT, Michel. *Vigiar e Punir*. 36. ed. São Paulo: Vozes, 2007.

de entorpecentes e drogas afins, terrorismo, hediondos e os cometidos por grupos armados, civis ou militares, contra a ordem constitucional e o Estado democrático.

- Assim sendo, independentemente do crime praticado, não será, igualmente, concedida fiança:
    a) aos que, no mesmo processo, tiverem quebrado fiança anteriormente concedida ou infringido, sem motivo justo, qualquer das obrigações a que se referem os arts. 327 e 328 (ver adiante);
    b) em caso de prisão civil;
    c) em caso de prisão militar;
    d) quando presentes os motivos que autorizam a decretação da prisão preventiva (art. 312).

O valor da fiança será fixado pela autoridade competente entre um a 100 salários mínimos, quando se tratar de infração cuja pena privativa de liberdade, no grau máximo, não for superior a quatro anos e de 10 a 200 salários mínimos, quando o máximo da pena privativa de liberdade cominada for superior a quatro anos. Nada obstante, tais limites, se assim recomendar a situação econômica do preso, a fiança poderá ser dispensada na hipótese do art. 350, ser reduzida até, no máximo, 2/3 ou ser aumentada em até 1000 vezes.

Se a fiança for declarada sem efeito ou passar em julgado sentença que houver absolvido o acusado ou declarada extinta a ação penal, o valor que tiver sido pago será restituído sem desconto, salvo no caso da prescrição depois da sentença condenatória (art. 110 do Código Penal).

Será considerada quebrada a fiança quando o acusado regularmente intimado para ato do processo deixar de comparecer, sem motivo justo ou quando deliberadamente praticar ato de obstrução ao andamento do processo ou descumprir medida cautelar imposta cumulativamente com a fiança. Em caso de resistência injustificada à ordem judicial ou, por fim, se vier a praticar nova infração penal dolosa.

Será considerado perdido, na totalidade, o valor da fiança, se, condenado, o acusado não se apresentar para o início do cumprimento da pena definitivamente imposta. Nesse caso, o seu valor, deduzidas as custas e mais encargos a que o acusado estiver obrigado, será recolhido ao fundo penitenciário, na forma da lei.

Nos casos em que couber fiança, o juiz, verificando a situação econômica do preso, poderá conceder-lhe liberdade provisória (sem fiança), sujeitando-o, porém, às obrigações constantes dos arts. 327 e 328, além de outras medidas cautelares, caso necessário. Se o beneficiado descumprir, sem motivo justo, qualquer das obrigações ou medidas impostas, o juiz, de ofício ou mediante requerimento do Ministério Público, ou do querelante, poderá substituir a medida, impor outra em cumulação, ou, em último caso, decretar a prisão preventiva, nos termos do art. 312 do CPP.

- **Liberdade provisória** – a liberdade provisória é assim chamada em contraposição à prisão provisória, visto que uma pessoa presa em flagrante delito – não sendo caso de prisão ilegal que seria imediatamente relaxada – poderá obter o direito de responder à persecução penal em liberdade, quer em fase de inquérito policial, quer durante o processo criminal. Em outras palavras, poderá ser agraciado com a liberdade provisória com ou sem fiança. Constitui, pois, a liberdade provisória, uma contracautela em relação à prisão cautelar, sendo aplicada naqueles casos em que a manutenção da prisão provisória não se mostrar imprescindível, podendo ocorrer em qualquer fase da persecução penal, desde que não transitado o processo em julgado.

A liberdade provisória tem previsão constitucional no art. 5º, LXVI, segundo o qual "ninguém será levado à prisão ou nela mantido quando a lei admitir liberdade provisória, com ou sem fiança". Vale dizer que a liberdade provisória, seja mediante fiança ou sem fiança, tem caráter obrigatório e deverá substituir a prisão cautelar quando for admitida pela legislação. Sendo por conta desses motivos considerada como verdadeiro direito do indiciado ou acusado. Por isso, livre de apreciação pessoal por parte do juiz, eis que, presentes os requisitos exigidos pela lei deverá ser aplicada.

5. Título IX – da prisão, das medidas cautelares e da liberdade provisória   123

Há também casos em que a própria Constituição Federal veda a concessão fiança. Dessa forma, o art. 5º, XLII, XLIII e XLIV, consideram inafiançáveis os delitos de racismo, tortura, tráfico ilícito de entorpecentes e drogas afins, terrorismo, os definidos como crimes hediondos, bem como a ação de grupos armados, civis ou militares, contra a ordem constitucional e o Estado Democrático. A lei infraconstitucional também tratou de vedar a liberdade provisória, com ou sem fiança. A Lei nº 8.072/1990, por exemplo, vedava a concessão de liberdade provisória, com ou sem fiança, aos delitos considerados hediondos, fato que perdurou até a modificação implementada pela Lei nº 11.464/2007, pois, agora, se veda apenas a concessão de fiança aos delitos hediondos, podendo ser concedida para esses crimes a liberdade provisória sem fiança. De igual forma, o art. 7º, da Lei nº 9.034/1995, veda a concessão de liberdade provisória, com o seu fiança, quando se revelar por parte do agente "intensa e efetiva participação na organização criminosa". Trata-se de flagrante violação ao texto constitucional.

- **Espécies de liberdade provisória**
  1. **Liberdade provisória sem fiança e sem vinculação:** ocorre naquelas situações em que a liberdade provisória será concedida compulsoriamente, sem nenhuma imposição ao beneficiado, devendo a autoridade policial lavrar o auto, e em seguida liberar o agente. Terá cabimento nos seguintes casos (art. 321, CPP):

I – nas infrações cuja pena de multa é a única cominada;

II – nas infrações cujo máximo de pena privativa de liberdade, seja isolada, cumulada ou alternada, não ultrapasse a três meses.

Há mais uma hipótese de liberdade provisória sem fiança e sem vinculação prevista no art. 301 do Código de Trânsito (Lei nº 9.503/1997) "ao condutor de veículo, nos casos de acidentes de trânsito de que resulte vítima, não se imporá a prisão em flagrante, nem se exigirá fiança, se prestar pronto e integral socorro".

Já a Lei nº 11.343/2006 (Tóxicos) apresenta uma situação peculiar, pois o usuário de drogas, tratado no âmbito da lei dos juizados, será encaminhado à presença do juiz para a lavratura do TCO, com a colheita do respectivo compromisso de comparecimento. Contudo, mesmo não se comprometendo, ainda assim está vedada a sua detenção (§ 3º, art. 48). Se mesmo não assumindo o compromisso ainda assim não ficará preso, é mais um caso de liberdade provisória sem fiança incondicionada.

Não gozarão do instituto os vadios e aqueles que já tenham sido condenados por crime doloso, em sentença transitada em julgado, e venham a praticar um novo crime doloso.

2. **Liberdade provisória vinculada independentemente de fiança**: é a liberdade provisória condicionada, apesar de não exigir fiança. O infrator permanecerá em liberdade, submetendo-se às exigências legais, sem necessidade de realizar nenhum implemento pecuniário.

3. **Auto de flagrante X excludentes de ilicitude**: lavrado o auto de prisão em flagrante, será remetido, em 24 horas, ao magistrado. Percebendo o magistrado que o infrator atuou amparado por uma excludente de ilicitude, é um sinal da probabilidade da ausência de crime. Caberá ao juiz, ouvindo previamente o MP, conceder liberdade provisória, de ofício ou por provocação, sem a necessidade do pagamento de fiança. O beneficiado apenas irá se comprometer ao comparecimento a todos os atos do inquérito e do processo, para os quais seja devidamente intimado. Ressalte-se que o instituto é um direito daquele que atende aos requisitos legais, e não uma mera faculdade judicial.

4. **Auto de flagrante X inexistência de hipótese autorizadora da prisão preventiva:** se o juiz entende que não há risco a ordem pública, econômica, não se faz conveniente à instrução criminal, pois o indivíduo não apresenta risco à livre produção probatória, nem há risco de fuga, deve haver a concessão da liberdade provisória, sem a necessidade de fiança, assumindo o beneficiário apenas o compromisso de comparecer a todos os atos da persecução penal, mediante a devida intimação.

5. Existem ainda algumas restrições que seguem expostas em legislação especial em vigor:

a) **Crimes hediondos e assemelhados (tráfico, tortura e terrorismo)**: essas infrações, como já relatado, não admitem a prestação de fiança (art. 5º, XLIII, CF). Contudo, por força da Lei nº 11.464/2007, alterando o art. 2º, II, da Lei nº 8.072/1990, passou-se a admitir liberdade provisória sem fiança.

b) **Estatuto do desarmamento:** o art. 21 da Lei nº 10.826/2003 vedava a concessão de liberdade provisória aos seguintes crimes:

— posse ou porte ilegal de arma de uso restrito (art. 16);

— comércio ilegal de arma de fogo (art. 17);

— tráfico internacional de armas (art. 18).

Entretanto, o Supremo Tribunal Federal, apreciando ação direta de inconstitucionalidade (ADIN-3137), declarou tal vedação incompatível com o texto constitucional. Sendo assim, tais infrações agora admitem liberdade provisória sem fiança.

c) **Crime organizado:** o art. 7º da Lei nº 9.034/1995 veda qualquer modalidade de liberdade provisória, com ou sem fiança, "aos agentes que tenham intensa e efetiva participação na organização criminosa". Perceba, pela exposição, que medida de tal natureza, vedando de forma absoluta o instituto àqueles que tenham intensa participação na organização criminosa, fere a proporcionalidade e não se arrima com a Carta Maior.

d) **Lavagem de dinheiro:** o art. 3º, *caput*, da Lei nº 9.613/1998 veda qualquer liberdade provisória à lavagem de capitais. Repita-se o que já se disse quanto à inconstitucionalidade da vedação absoluta.

e) **Crimes contra a economia popular e de sonegação fiscal**: essas infrações, por envolverem enriquecimento ilícito, não comportam liberdade provisória sem fiança (art. 310, CPP), contudo admitem a prestação de fiança (art. 325, § 2º, I, CPP).

Deve o magistrado sempre motivar a manutenção da prisão em flagrante, deixando claros os motivos que não o levaram à concessão da liberdade provisória, em face da necessidade da segregação cautelar. Tem prevalecido o entendimento contrário, sob o fundamento de que a motivação da manutenção do flagrante é desnecessária, a não ser que o magistrado tenha sido provocado a se manifestar sobre a concessão da liberdade provisória.

6. Outras hipóteses de cabimento previstas no CPP:
a) O art. 350 do CPP prevê a dispensa da prestação de fiança àqueles que sejam considerados economicamente hipossuficientes.
b) O art. 69, parágrafo único da Lei nº 9.099/1995, prevê que àquele surpreendido quando da prática de infração de menor potencial ofensivo, em sendo "imediatamente encaminhado ao juizado" ou assumindo o compromisso de a ele comparecer, "não se imporá prisão em flagrante, nem se exigirá fiança";

— **Sistema recursal** – Da concessão da liberdade provisória sem a prestação de fiança cabe o recurso em sentido estrito. Já a denegação do instituto curiosamente é irrecorrível, cabendo a utilização de *habeas corpus*.

7. **Liberdade provisória vinculada com fiança**: conceito e natureza jurídica de fiança – fiança significa caução, designando, com isso, uma cautela, uma garantia real – art. 330 do CPP – que assegura determinadas obrigações de natureza processual. Constitui, portanto, uma contracautela, que substitui a prisão provisória e determina a imediata liberdade do indiciado ou processado.

• **Vedação da fiança** – a primeira vedação à concessão de fiança é determinada pela própria Constituição Federal, que, em seu art. 5º, XLII, XLIII e XLIV, considera inafiançáveis os delitos de racismo, tortura, tráfico ilícito de entorpecentes e drogas afins, terrorismo,

5. *Título IX – da prisão, das medidas cautelares e da liberdade provisória* 127

os definidos como crimes hediondos, bem como a ação de grupos armados, civis ou militares, contra a ordem constitucional e o Estado democrático.

• **Outros temas envolvendo prestação de fiança** – o valor da fiança será fixado pela autoridade responsável pela sua concessão, devendo ser levado em consideração alguns fatores, os quais são previstos no art. 326 do CPP: "a natureza da infração, as condições pessoais de fortuna e vida pregressa do acusado, as circunstâncias indicativas de sua periculosidade, bem como a importância provável das custas do processo, até final julgamento".

Pela observância destes fatores, portanto, deverá ser deduzido o valor final da fiança, dando-se especial primazia à condição econômica do imputado ou indiciado, sendo certo que, em hipótese alguma será impeditivo da concessão de liberdade provisória.

Tendo por base a situação econômica do réu, a fiança poderá sofrer redução de até dois terços ou ser aumentada – pelo juiz – até o décuplo (art. 325, § 1º, I e II, CPP).

Do art. 323

Art. 323. Não será concedida fiança:
I – nos crimes de racismo;
II – nos crimes de tortura, tráfico ilícito de entorpecentes e drogas afins, terrorismo e nos definidos como crimes hediondos;
III – nos crimes cometidos por grupos armados, civis ou militares, contra a ordem constitucional e o Estado Democrático;
IV – (revogado);
V – (revogado)."

• Redação anterior: Art. 323. Não será concedida fiança: I – nos crimes punidos com reclusão em que a pena mínima cominada for superior a 2 (dois) anos; II – nas contravenções tipificadas nos arts. 59 e 60 da Lei das Contravenções Penais; III – nos crimes dolosos punidos com pena privativa da liberdade, se o réu já tiver sido condenado por outro crime doloso, em sentença transitada em julgado; IV – em qualquer caso, se houver no processo prova de ser o réu vadio; V – nos crimes punidos com reclusão, que provoquem clamor público ou que tenham sido cometidos com violência contra a pessoa ou grave ameaça.

O artigo agora comentado nada mais faz que reafirmar o que a própria Constituição define sobre o tratamento mais severo inerente a determinados crimes em seu art. 5º, XLII: "a prática do racismo constitui crime inafiançável e imprescritível, sujeito à pena de reclusão, nos termos da lei"; e inciso XLIII – "a lei considerará crimes inafiançáveis e insuscetíveis de graça ou anistia a prática da tortura, o tráfico ilícito de entorpecentes e drogas afins, o terrorismo e os definidos como crimes hediondos, por eles respondendo os mandantes, os executores e os que, podendo evitá-los, se omitirem".

Do art. 324

Art. 324. Não será, igualmente, concedida fiança:

I – aos que, no mesmo processo, tiverem quebrado fiança anteriormente concedida ou infringido, sem motivo justo, qualquer das obrigações a que se referem os arts. 327 e 328 deste Código;

II – em caso de prisão civil ou militar;

III – (revogado);

IV – quando presentes os motivos que autorizam a decretação da prisão preventiva (art. 312).

- Redação anterior: Art. 324. Não será, igualmente, concedida fiança: I – aos que, no mesmo processo, tiverem quebrado fiança anteriormente concedida ou infringido, sem motivo justo, qualquer das obrigações a que se refere o art. 350; II – em caso de prisão por mandado do juiz do cível, de prisão disciplinar, administrativa ou militar; III – ao que estiver no gozo de suspensão condicional da pena ou de livramento condicional, salvo se processado por crime culposo ou contravenção que admita fiança; IV – quando presentes os motivos que autorizam a decretação da prisão preventiva (art. 312).

O direito a ter arbitrada fiança, em caso de possibilidade, em nada conflita com os institutos da prisão preventiva.

Do art. 325

Art. 325. O valor da fiança será fixado pela autoridade que a conceder nos seguintes limites:

5. Título IX – da prisão, das medidas cautelares e da liberdade provisória   129

a) (revogada);
b) (revogada);
c) (revogada).
I – de 1 (um) a 100 (cem) salários mínimos, quando se tratar de infração cuja pena privativa de liberdade, no grau máximo, não for superior a 4 (quatro) anos;
II – de 10 (dez) a 200 (duzentos) salários mínimos, quando o máximo da pena privativa de liberdade cominada for superior a 4 (quatro) anos.
§ 1º. Se assim recomendar a situação econômica do preso, a fiança poderá ser:
I – dispensada, na forma do art. 350 deste Código;
II – reduzida até o máximo de 2/3 (dois terços); ou
III – aumentada em até 1.000 (mil) vezes.
§ 2º. (Revogado):
I – (revogado);
II – (revogado);
III – (revogado)."

- Redação anterior: Art. 325. O valor da fiança será fixado pela autoridade que a conceder nos seguintes limites: a) de 1 (um) a 5 (cinco) salários mínimos de referência, quando se tratar de infração punida, no grau máximo, com pena privativa da liberdade, até 2 (dois) anos; b) de 5 (cinco) a 20 (vinte) salários mínimos de referência, quando se tratar de infração punida com pena privativa da liberdade, no grau máximo, até 4 (quatro) anos; c) de 20 (vinte) a 100 (cem) salários mínimos de referência, quando o máximo da pena cominada for superior a 4 (quatro) anos. § 1º. Se assim o recomendar a situação econômica do réu, a fiança poderá ser: I – reduzida até o máximo de dois terços; II – aumentada, pelo juiz, até o décuplo. § 2º. Nos casos de prisão em flagrante pela prática de crime contra a economia popular ou de crime de sonegação fiscal, não se aplica o disposto no art. 310 e parágrafo único deste Código, devendo ser observados os seguintes procedimentos: I – a liberdade provisória somente poderá ser concedida mediante fiança, por decisão do juiz competente e após a lavratura do auto de prisão em flagrante; II – o valor de fiança será fixado pelo juiz que a conceder, nos limites de dez mil a cem mil vezes o valor do Bônus do Tesouro Nacional – BTN, da data da prática do crime; III – se assim o recomendar a situação econômica do réu, o limite mínimo ou máximo do valor da fiança poderá ser reduzido em até nove décimos ou aumentado até o décuplo.

Em respeito às diferenças sociais que convivem em nossa sociedade, esse artigo deixa claro a noção e respeito não só por aqueles que não possuem condições financeiras e, por isso, não podem ter sua liberdade restrita, como também afeta aqueles que possuem grandes fortunas e a estipulação de valor a ser pago por fiança em nada afetaria sua situação, deixando claro não só a redução para os que necessitam como também o aumento para os que se beneficiavam dos valores irrisórios anteriormente estipulados.

Assim, ficou da seguinte forma a estipulação do valor da fiança:

"Serão fixadas de 1 a 100 salários mínimos, quando se tratar de infração com pena até 4 anos; de 10 a 200 salários mínimos, quando a pena privativa de liberdade ultrapassar o patamar de 4 anos; em caso de necessidade conforme a situação econômica do preso, a fiança poderá ser dispensada, na forma do art. 350 deste Código ou reduzida até o máximo de 2/3 (dois terços) e até aumentada em até 1.000 (mil) vezes".

Do art. 326

Art. 326. Para determinar o valor da fiança, a autoridade terá em consideração a natureza da infração, as condições pessoais de fortuna e vida pregressa do acusado, as circunstâncias indicativas de sua periculosidade, bem como a importância provável das custas do processo, até final julgamento.

Outro parâmetro a ser seguido pelo responsável pela estipulação do valor no arbitramento de fiança, todas as circunstâncias de caráter subjetivo devem ser levadas em consideração. Complementando, assim, tudo o que foi estipulado no artigo anterior.

Do art. 327

Art. 327. A fiança tomada por termo obrigará o afiançado a comparecer perante a autoridade, todas as vezes que for intimado para atos do inquérito e da instrução criminal e para o julgamento. Quando o réu não comparecer, a fiança será havida como quebrada.

O arbitramento da fiança vincula aquele que dela se beneficia a comparecer a todos os termos e atos do processo sempre que solicitado, não podendo se eximir dessa responsabilidade, exceto por motivo de caso fortuito ou força maior devidamente justificado perante o juiz competente. A quebra da fiança consiste na perda total ou parcial do valor pago, e ainda, se for o caso, permite o reexame da matéria para possível constatação da necessidade de decretação de prisão preventiva.

Do art. 328

Art. 328. O réu afiançado não poderá, sob pena de quebramento da fiança, mudar de residência, sem prévia permissão da autoridade processante, ou ausentar-se por mais de 8 (oito) dias de sua residência, sem comunicar àquela autoridade o lugar onde será encontrado.

As condições a que fica subordinado o afiançado são aquelas previstas nos art. 327 e 328 do CPP, devendo, portanto, "comparecer perante a autoridade, todas as vezes que for intimado para atos do inquérito e da instrução criminal e para o julgamento", não podendo, ainda, "mudar de residência, sem prévia permissão da autoridade processante, ou ausentar-se por mais de oito dias de sua residência, sem comunicar o lugar onde será encontrado". Incorrendo o afiançado no desatendimento de qualquer das condições impostas, tem-se por quebrada a fiança.

Segundo o art. 336 do CPP, a fiança tem por objetivo o "pagamento das custas, da indenização do dano e da multa, se o réu for condenado". Assim, em caso de condenação, a fiança terá sua destinação usual, devendo ser empregada para os fins previstos no referido artigo. Mesmo em caso de condenação, se o valor pago a título de fiança exceder o custo dos fins a que se destina, deverá ser o valor excedente restituído a quem tenha prestado a caução, conforme determinação do art. 347 do CPP.

Conforme preconiza o art. 337 do CPP, em caso de trânsito em julgado de sentença penal absolutória, o valor prestado a título de fiança deverá ser restituído sem desconto àquele que o prestou.

Poderá também a fiança sofrer reforço, quando "a autoridade tomar, por engano, fiança insuficiente" ou "quando houver depreciação material ou perecimento dos bens hipotecados ou caucionados, ou depreciação dos metais ou pedras preciosas", e, ainda, "quando for inovada a classificação do delito" (art. 340, I a III do CPP). Nestes casos específicos, aquele que prestou a fiança inicial será intimado a reforçá-la. Caso o reforço não seja prestado, a fiança será declarada sem efeito e o valor que a constituir será restituído sem desconto.

Da combinação dos arts. 338 e 339, ambos do CPP, a fiança poderá ser cassada quando se reconhecer que, embora prestada, não era cabível no caso ou quando for "reconhecida a existência de delito inafiançável, no caso de inovação na classificação do delito". Neste caso, deverá ser restituído o valor a quem prestou a fiança.

Por seu turno, considera-se quebrada a fiança, nos termos do art. 341 do CPP, "quando o réu, legalmente intimado para ato do processo, deixar de comparecer, sem provar, *incontinenti*, motivo justo, ou quando, na vigência da fiança, praticar outra infração penal". Nessa hipótese, tendo sido quebrada a fiança ocorrerá "a perda de metade do seu valor e a obrigação, por parte do réu, de recolher-se à prisão, prosseguindo-se, entretanto, à sua revelia, no processo e julgamento, enquanto não for preso" (art. 343 do CPP).

Por fim, consoante o art. 344 do CPP, poderá ocorrer também a perda da totalidade do valor da fiança, quando, tendo sido condenado, o imputado não se apresentar à prisão.

Do art. 329

Art. 329. Nos juízos criminais e delegacias de polícia, haverá um livro especial, com termos de abertura e de encerramento, numerado e rubricado em todas as suas folhas pela autoridade, destinado especialmente aos termos de fiança. O termo será lavrado pelo escrivão e assinado pela autoridade e por quem prestar a fiança, e dele extrair-se-á certidão para juntar-se aos autos.

Parágrafo único. O réu e quem prestar a fiança serão pelo escrivão notificados das obrigações e da sanção previstas nos arts. 327 e 328, o que constará dos autos.

É importante frisar a importância da descrição do dia e hora da soltura do indivíduo, embora redundante, a regra disposta no artigo analisado é fundamental até mesmo para controle do cumprimento das decisões judiciais e respeito aos direitos da pessoa humana.

Do art. 330

Art. 330. A fiança, que será sempre definitiva, consistirá em depósito de dinheiro, pedras, objetos ou metais preciosos, títulos da dívida pública, federal, estadual ou municipal, ou em hipoteca inscrita em primeiro lugar.

§ 1º. A avaliação de imóvel, ou de pedras, objetos ou metais preciosos será feita imediatamente por perito nomeado pela autoridade.

§ 2º. Quando a fiança consistir em caução de títulos da dívida pública, o valor será determinado pela sua cotação em Bolsa, e, sendo nominativos, exigir-se-á prova de que se acham livres de ônus.

Em caso de o pagamento da fiança arbitrada não ser diverso em dinheiro, uma vez prestada, quer mediante, pedras, objetos preciosos ou outro bem permitido pela lei, o valor não poderá, posteriormente, ser declarado insuficiente ou mesmo ser requerido o reforço da fiança, uma vez que a avaliação deve ocorrer no ato do "pagamento" e sua avaliação é exauriente.

Em caso de bens que não possuam descrição de seu valor, sequer o venal, deverá ser nomeado perito para avaliação do bem oferecido.

Do art. 331

Art. 331. O valor em que consistir a fiança será recolhido à repartição arrecadadora federal ou estadual, ou entregue ao depositário público, juntando-se aos autos os respectivos conhecimentos.

Parágrafo único. Nos lugares em que o depósito não se puder fazer de pronto, o valor será entregue ao escrivão ou pessoa abonada, a critério da autoridade, e dentro de três dias dar-se-á ao valor o destino que lhe assina este artigo, o que tudo constará do termo de fiança.

Outra norma de cunho meramente administrativo que nada influencia na relação com o indiciado ou acusado que tenha sido liberado.

Do art. 332

Art. 332. Em caso de prisão em flagrante, será competente para conceder a fiança a autoridade que presidir ao respectivo auto, e, em caso de prisão por mandado, o juiz que o houver expedido, ou a autoridade judiciária ou policial a quem tiver sido requisitada a prisão.

Por óbvio, em caso de prisão em flagrante delito, caberá a autoridade que preside o ato (delegado de polícia) arbitrar a respectiva fiança, conforme dito, trata-se de ato pré-cautelar, no qual a situação que envolve a prisão limita-se à esfera administrativa, e, em caso de negativa, cabe *habeas corpus*.

Do art. 333

Art. 333. Depois de prestada a fiança, que será concedida independentemente de audiência do Ministério Público, este terá vista do processo a fim de requerer o que julgar conveniente.

Por se tratar de verdadeiro direito do indiciado ou acusado, é dispensada a oitiva por membro do Ministério Público, já que não se trata de situação que requer avaliação discricionária, é direito e deve, de plano, ser declarado, ou seja, a fiança deve ser imediatamente arbitrada. A oitiva do Ministério Público, além de desnecessária, apenas atrasaria a efetivação de um direito (fiança) por procedimento completamente desnecessário.

Do art. 334

Art. 334. A fiança poderá ser prestada enquanto não transitar em julgado a sentença condenatória.

- Redação anterior: Art. 334. A fiança poderá ser prestada em qualquer termo do processo, enquanto não transitar em julgado a sentença condenatória.

Norma que apenas corrobora com o que foi mencionado no artigo anterior, trata-se de direito do acusado, logo, não existe tempo, hora ou lugar, deve ser respeitada independentemente do momento processual, respeitando, lógico, o trânsito em julgado da sentença, pois caso se trate de sentença condenatória a prisão passará a não ser mais considerada cautelar e, desse modo, não será mais passível de arbitramento de fiança, mas passará a ser cumprimento de pena.

Do art. 335

Art. 335. Recusando ou retardando a autoridade policial a concessão da fiança, o preso, ou alguém por ele, poderá prestá-la, mediante sim-

ples petição, perante o juiz competente, que decidirá em 48 (quarenta e oito) horas.
- Redação anterior: Art. 335. Recusando ou demorando a autoridade policial a concessão da fiança, o preso, ou alguém por ele, poderá prestá-la, mediante simples petição, perante o juiz competente, que decidirá, depois de ouvida aquela autoridade.

Em caso de retardamento ou recusa do arbitramento da fiança por parte da autoridade policial, verdadeiro direito do acusado, esta incorrerá em crime de prevaricação (art. 319 do Código Penal). A alteração da expressão "demorando" por "retardando" surge em boa hora, pois o simples fato de haver uma possível demora não quer dizer que está sendo praticada alguma arbitrariedade, mesmo porque determinados procedimentos devem ser observados para a formalização do ato. O que não se pode permitir é que, de forma intencional, a autoridade policial mantenha preso indevidamente um indivíduo que tenha o direito de estar em liberdade, retardando o arbitramento da fiança. Ao juiz, por óbvio, deve se dirigir o que se encontra preso indevidamente, já apresentando o pagamento da fiança, não cabendo avaliações discricionárias, mas caso se constate que o preso faz jus ao arbitramento de fiança, determinará a imediata liberação de quem se encontra preso.

Do art. 336

Art. 336. O dinheiro ou objetos dados como fiança servirão ao pagamento das custas, da indenização do dano, da prestação pecuniária e da multa, se o réu for condenado.

Parágrafo único. Este dispositivo terá aplicação ainda no caso da prescrição depois da sentença condenatória (art. 110 do Código Penal).

- Redação anterior: Art. 336. O dinheiro ou objetos dados como fiança ficarão sujeitos ao pagamento das custas, da indenização do dano e da multa, se o réu for condenado. Parágrafo único. Este dispositivo terá aplicação ainda no caso da prescrição depois da sentença condenatória (Código Penal, art. 110 e seu parágrafo).

Uma vez prestada fiança, esta será utilizada, em caso de condenação, ao pagamento das custas do processo daquele que a prestou. Importa ainda observar o disposto no art. 387, IV do Código de Processo Penal, que se refere ao arbitramento por parte do próprio juiz criminal, de valor inerente à reparação do dano causado pelo então condenado. Dispõe ainda que, em caso de prescrição, será perdido por parte daquele que prestou fiança todo o seu valor.

Do art. 337

Art. 337. Se a fiança for declarada sem efeito ou passar em julgado sentença que houver absolvido o acusado ou declarada extinta a ação penal, o valor que a constituir, atualizado, será restituído sem desconto, salvo o disposto no parágrafo único do art. 336 deste Código.

- Redação anterior: Art. 337. Se a fiança for declarada sem efeito ou passar em julgado a sentença que houver absolvido o réu ou declarado extinta a ação penal, o valor que a constituir será restituído sem desconto, salvo o disposto no parágrafo do artigo anterior.

Obviamente, aquele que uma vez acusado consegue, ao final do processo, a devida absolvição, independentemente do motivo que a fundamentou deverá ser restituído na sua totalidade todo o valor dispensado à titulo de fiança.

Do art. 338

Art. 338. A fiança que se reconheça não ser cabível na espécie será cassada em qualquer fase do processo.

Verdadeira norma estipuladora de um juízo de retratação por parte do juiz que tenha arbitrado fiança e, posteriormente, a tenha considerado excessiva ou mesmo desnecessária ou descabida, podendo, a qualquer tempo, voltar atrás de sua decisão

Do art. 339

Art. 339. Será também cassada a fiança quando reconhecida a existência de delito inafiançável, no caso de inovação na classificação do delito.

Trata-se de regra aplicada à *emendatio libelli* e *mutatio libelli*, ou seja, em caso de modificação na classificação da infração imputada ou dos parâmetros de arbitramento da fiança, será esta cassada. A simples alteração da imputação não gera automaticamente o recolhimento do acusado ao cárcere. Deverá ser perquirida a necessidade de decretação de prisão preventiva para que haja recolhimento do indivíduo. Então, pode ocorrer que seja considerada cassada a fiança devido à imputação que, ao ser alterada, não mais permite o arbitramento desta, e o acusado permanecerá em liberdade. Caso não estejam presentes os requisitos e fundamentos para decretação de medida restritiva da liberdade, não será o acusado, mesmo sendo cassada a fiança, recolhido à prisão.

Do art. 340

Art. 340. Será exigido o reforço da fiança:

I – quando a autoridade tomar, por engano, fiança insuficiente;

II – quando houver depreciação material ou perecimento dos bens hipotecados ou caucionados, ou depreciação dos metais ou pedras preciosas;

III – quando for inovada a classificação do delito.

Parágrafo único. A fiança ficará sem efeito e o réu será recolhido à prisão, quando, na conformidade deste artigo, não for reforçada.

Reforço, no caso do artigo, significa complementação do valor da fiança prestada. No entanto, algumas considerações devem ser feitas:

— **Quando a autoridade tomar, por engano, fiança insuficiente:** conforme o art. 330 do CPP, ao ser prestada a fiança não poderá ser posteriormente questionada quanto à possibilidade de ser suficiente ou não, por mero erro. Não pode o indiciado ou acusado ficar a mercê da inabilidade da autoridade competente para o arbitramento da fiança. Ela deverá ser arbitrada e avaliada em momento próprio, podendo ser revista apenas em caso de nova imputação, na qual os parâmetros de arbitramento poderão mudar conforme a nova capitulação penal.

— **Quando houver depreciação material ou perecimento dos bens hipotecados ou caucionados, ou depreciação dos metais ou pedras preciosas:** quando a fiança não for prestada em moeda corrente, certamente o seu valor será passível de reexame.

Não o da fiança prestada, mas o valor inerente aos bens apresentados como pagamento quando houver deterioração ou perda de valor desses bens. Preste bem atenção, não se trata de caso de revisão da fiança e sim de perda de valor do bem apresentado, que poderá ser substituído ou mesmo reforçado.

— **Quando for inovada a classificação do delito**: regra a ser observado antes mesmo da aplicação do art. 339 do CPP e nos casos em que, mesmo com a alteração da imputação, continua sendo direito do acusado o arbitramento de fiança.

Do art. 341

Art. 341. Julgar-se-á quebrada a fiança quando o acusado:
I – regularmente intimado para ato do processo, deixar de comparecer, sem motivo justo;
II – deliberadamente praticar ato de obstrução ao andamento do processo;
III – descumprir medida cautelar imposta cumulativamente com a fiança;
IV – resistir injustificadamente a ordem judicial;
V – praticar nova infração penal dolosa.

• Redação anterior: Art. 341. Julgar-se-á quebrada a fiança quando o réu, legalmente intimado para ato do processo, deixar de comparecer, sem provar, incontinenti, motivo justo, ou quando, na vigência da fiança, praticar outra infração penal.

Julgar quebrada a fiança significa torná-la inócua, sem sentido, como uma verdadeira perda do direito. Ninguém pode ser recolhido à prisão por quebra da fiança, mesmo porque, como dito anteriormente, apenas presentes os requisitos e fundamentos de decretação da prisão preventiva que ela será decretada. Os casos em que a fiança será considerada quebrada são:

— **Regularmente intimado para ato do processo, deixar de comparecer, sem motivo justo:** o arbitramento de fiança vincula o indiciado ou acusado aos atos e termos do processo, logo, sempre que solicitado ou intimado para tanto deverá comparecer ou praticar ato determinado. No entanto, nunca esquecendo o que já foi dito, não caberá prisão preventiva fora das hipóteses do art. 311 e seguintes do Código de Processo Penal.

— **Deliberadamente praticar ato de obstrução ao andamento do processo:** ao indiciado ou acusado não é permitido atrapalhar ou frustrar os objetivos do processo, logo, tal conduta pode ser considerada verdadeira afronta ao processo a que estiver submetido, podendo sofrer punição pela atitude. Nesse caso, não estando presentes os requisitos e fundamentos da prisão preventiva, acarretará apenas a perda do valor pago.

— **Descumprir medida cautelar imposta cumulativamente com a fiança:** um dos requisitos de decretação da prisão preventiva é que as medidas cautelares impostas demonstrem-se inócuas, ou seja, nesse caso pode, sim, haver decretação de preventiva, mesmo porque o valor pago a título de fiança será considerado perdido em prol da administração pública.

— **Resistir injustificadamente a ordem judicial:** o não cumprimento a determinação judicial acarreta, inclusive, a imputação de infração penal. Logo, o acusado que fez jus ao direito e arbitramento de fiança se torna vinculado aos termos do processo, devendo, sempre que solicitado, comparecer e cumprir determinação legal. Sendo assim, não só será considerada a fiança como também poderá estar caracterizando o inciso seguinte.

— **Praticar nova infração penal dolosa:** muito cuidado com esse inciso, uma vez que, a prática da infração penal apenas pode ser considerada existente mediante sentença penal condenatória transitada em julgado. Em caso de haver apenas imputação, não poderá ser considerado como se praticado tivesse, ou implicará violação ao princípio da presunção de inocência. Melhor seria se a redação mencionasse "reincidência dolosa".

Do art. 342

Art. 342. Se vier a ser reformado o julgamento em que se declarou quebrada a fiança, esta subsistirá em todos os seus efeitos

O referido artigo apenas reforça o cumprimento das decisões judiciais, mesmo em grau recursal, já que, se considerada quebrada por juiz de primeira instância, e, posteriormente, essa decisão seja reformada em instância superior, a decisão que reformar a de grau inferior restabelecerá os mesmos termos anteriores à quebra da fiança.

Do art. 343

Art. 343. O quebramento injustificado da fiança importará na perda de metade do seu valor, cabendo ao juiz decidir sobre a imposição de outras medidas cautelares ou, se for o caso, a decretação da prisão preventiva.

- Redação anterior: Art. 343. O quebramento da fiança importará a perda de metade do seu valor e a obrigação, por parte do réu, de recolher-se à prisão, prosseguindo-se, entretanto, à sua revelia, no processo e julgamento, enquanto não for preso.

Como dito, um dos requisitos para decretação da prisão preventiva é a constatação de ineficiência das medidas cautelares impostas. Lembrando que a simples ineficácia das medidas cautelares por si só não são suficientes para a decretação de prisão preventiva, pois necessário se faz a análise de todos os requisitos e fundamentos para que seja decretada uma pena da privação da liberdade.

Primeiro deverá o magistrado impor nova medida cautelar, e, posteriormente, apresentando-se também ineficiente, somado aos demais requisitos e fundamentos poderá se perquirir quanto a possibilidade de decretação da prisão preventiva.

Do art. 344

Art. 344. Entender-se-á perdido, na totalidade, o valor da fiança, se, condenado, o acusado não se apresentar para o início do cumprimento da pena definitivamente imposta.

- Redação anterior: Art. 344. Entender-se-á perdido, na totalidade, o valor da fiança, se, condenado, o réu não se apresentar à prisão.

Andou bem a legislação ao alterar a redação anterior, que mencionava apenas casos de pena de prisão, deixando sem regulamentação as penas restritivas de direito e de multa. Assim, a expressão "apresentação para o inicio do cumprimento da pena" abrange toda e qualquer pena imposta, pouco importando sua espécie ou qualidade.

Do art. 345

Art. 345. No caso de perda da fiança, o seu valor, deduzidas as custas e mais encargos a que o acusado estiver obrigado, será recolhido ao fundo penitenciário, na forma da lei.
• Redação anterior: Art. 345. No caso de perda da fiança, depois de deduzidas as custas e mais encargos a que o réu estiver obrigado, o saldo será recolhido ao Tesouro Nacional.

Conforme a nova redação, o artigo em análise deverá ser considerado de acordo com o desfecho final do processo, ou seja, em caso de condenação, ao acusado é imposto o pagamento das custas e sucumbência do processo, devendo ainda ser considerado para efeitos dos valores pagos, a possível fixação de indenização por parte do magistrado em caso de requerimento expresso no processo penal.

Do art. 346

Art. 346. No caso de quebramento de fiança, feitas as deduções previstas no art. 345 deste Código, o valor restante será recolhido ao fundo penitenciário, na forma da lei.
• Redação anterior: Art. 346. No caso de quebramento de fiança, feitas as deduções previstas no artigo anterior, o saldo será, até metade do valor da fiança, recolhido ao Tesouro Federal

Regra de cunho meramente administrativo, apenas define a quem se destina o valor da fiança que ainda restar, que deve ser apurado em caso de não devolução do valor ao condenado.

Do art. 347

Art. 347. Não ocorrendo a hipótese do art. 345, o saldo será entregue a quem houver prestado a fiança, depois de deduzidos os encargos a que o réu estiver obrigado.

Nesse caso, a lei determina a devolução do valor pago pela fiança àquele que efetivamente recolheu ou garantiu o valor determinado no arbitramento. Situação esta muito comum, eis que, nem sempre o próprio acusado é o responsável financeiro pelo cumprimento do pagamento de fiança.

Do art. 348

Art. 348. Nos casos em que a fiança tiver sido prestada por meio de hipoteca, a execução será promovida no juízo cível pelo órgão do Ministério Público.

Forma de legitimação por parte do Ministério Público para execução na esfera cível, a fim de resguardar direito do Estado em caso de não necessidade de devolução da fiança prestada em processo criminal.

Do art. 349

Art. 349. Se a fiança consistir em pedras, objetos ou metais preciosos, o juiz determinará a venda por leiloeiro ou corretor.

Será determinado leilão em hasta pública apenas se não for de interesse do responsável financeiro a restituição dos bens apresentados.

Do art. 350

Art. 350. Nos casos em que couber fiança, o juiz, verificando a situação econômica do preso, poderá conceder-lhe liberdade provisória, sujeitando-o às obrigações constantes dos arts. 327 e 328 deste Código e a outras medidas cautelares, se for o caso.

Parágrafo único. Se o beneficiado descumprir, sem motivo justo, qualquer das obrigações ou medidas impostas, aplicar-se-á o disposto no § 4º do art. 282 deste Código.

- Redação anterior: Art. 350. Nos casos em que couber fiança, o juiz, verificando ser impossível ao réu prestá-la, por motivo de pobreza, poderá conceder-lhe a liberdade provisória, sujeitando-o às obrigações constantes dos arts. 327 e 328. Se o réu infringir, sem motivo justo, qualquer dessas obrigações ou praticar outra infração penal, será revogado o benefício. Pa-

5. Título IX – da prisão, das medidas cautelares e da liberdade provisória   143

rágrafo único. O escrivão intimará o réu das obrigações e sanções previstas neste artigo.

O artigo visa dar equidade ao tratamento de pessoas com direito ao arbitramento de fiança em situação financeira distinta Assim, quando o juiz verificar que, na dependência de recurso financeiro, o acusado não tenha condições de arcar com os valores impostos, poderá dispensar a obrigação financeira, determinando apenas a vinculação ao processo em comparecer sempre que solicitado.

Da Função do Jurado

Do art. 439

Art. 439. O exercício efetivo da função de jurado constituirá serviço público relevante e estabelecerá presunção de idoneidade moral.

No intuito de dar maior importância àqueles que exercem a função pública de servir como jurado perante o Tribunal do Júri, o legislador lhes garante a presunção de idoneidade moral.

6.
Conclusão

Embora o espaço seja pouco, devido à imensidão de conteúdo inerente ao tema, me penitencio pela falta de completude dos pontos abordados, mas espero ter alcançado, ao menos, os pontos críticos que levem os leitores e personagens jurídicos a refletirem quanto ao tema abordado. Entendo que a lei ora editada é apenas um passo na construção de um processo penal democrático, visando a extirpar prisões desnecessárias e inócuas que afetam diretamente a dignidade da pessoa humana em troca de uma resposta pífia e mesquinha aos anseios punitivos ainda existentes.

Os crimes alcançados pela aplicação dessa lei certamente não terão como punição máxima o encarceramento total, por tudo exposto no livro. Assim, conclamo os leitores a uma abordagem reflexiva da lei e do conteúdo aqui descrito, não necessariamente que tenham de concordar, mas que apenas entendam e pensem no exposto.

Não quero criticar de forma despretensiosa e irresponsável, certo que, aqui, me exponho aos anseios críticos dos personagens jurídicos, mas isso é apenas um incremento na luta pelo crescimento, um alento aos sentimentos e um aperfeiçoamento.

Uma coisa sei: a vida é feita de escolhas, e toda escolha acarreta uma consequência. Logo, o ser humano, por ser falho, necessariamente errará, e do erro advirá uma consequência. Se esse erro se expressar de forma transgressora da lei, caberá a sanção prevista nesta mesma lei, sendo que essa sanção, obrigatoriamente, deve ser proporcional ao dano causado, fato este que se expressa perfeitamente nas palavras de KAFKA[66] ao dizer "[...] nunca pude relacionar direito a naturalidade daquele ato inconsequente de pedir água com o terror extraordinário de ser arrastado para fora. Anos depois sofria com a torturante ideia [...] de que eu era para ele, portanto, um nada dessa espécie".

Assim, sem qualquer dúvida, lutei, luto e lutarei com todas a forças para que a pena seja imposta, sim, mas em face daqueles que devem arcar com as consequências de seus próprios atos, e que sempre a pena seja proporcional à conduta ou ao dano causado. E, para finalizar, me socorro do eterno clássico de BECCARIA, tendo como título o seguinte: *Que as penas devem ser proporcionais aos delitos.*

O interesse de todos não é somente que se cometam poucos crimes, mas também que os delitos mais funestos à sociedade sejam os mais raros. Os meios que a legislação emprega para impedir os crimes devem, pois, ser mais fortes, à medida que o delito é mais contrário ao bem público e pode tornar-se mais comum. Deve, pois, haver uma proporção entre os delitos e as penas.

Se o prazer e a dor são os dois grandes motores dos seres sensíveis; se, entre os motivos que determinam os homens em todas as suas ações, o supremo Legislador colocou como os mais poderosos as recompensas e as penas; se dois crimes que atingem desigualmente a sociedade recebem o mesmo castigo, o homem inclinado ao crime, não tendo que temer uma pena maior para o crime mais monstruoso, decidir-se-á mais facilmente pelo delito que lhe seja mais vantajoso; e a distribuição desigual das penas produzirá a contradição, tão notória quanto frequente, de que as leis terão de punir os crimes que fizeram nascer.

Se se estabelecer um mesmo castigo, a pena de morte, por exemplo, para quem mata um faisão e para quem mata um homem ou falsifica um escrito

---

66. KAFKA, Franz. *Carta ao Pai*. Tradução de Modesto Carone. São Paulo: Cia das Letras, 2010. p. 13.

6. Conclusão

importante, em breve não se fará mais nenhuma diferença entre esses delitos; destruir-se-ão no coração do homem os sentimentos morais, obra de muitos séculos, cimentada por ondas de sangue, estabelecida com lentidão sobrepujando mil obstáculos, edifício que só se pôde levantar com o socorro dos mais sublimes motivos e o aparato das mais solenes formalidades.

Seria em vão que se tentaria prevenir todos os abusos que se originam da fermentação contínua das paixões humanas; esses abusos crescem em razão da população e do choque dos interesses particulares, que é impossível dirigir em linha reta para o bem público. Não se pode provar essa asserção com toda a exatidão matemática; pode-se, porém, apoiá-la com exemplos notáveis.

Lançai os olhos sobre a história, e vereis crescerem os abusos, à medida que os impérios aumentam. Ora, como o espírito nacional se enfraquece na mesma proporção, o pendor para o crime crescerá em razão da vantagem que cada um descobre no abuso mesmo; e a necessidade de agravar as penas seguirá necessariamente igual progressão.

Semelhante à gravitação dos corpos, uma força secreta impele-nos sempre para o nosso bem-estar. Essa impulsão só é enfraquecida pelos obstáculos que as leis lhe opõem. Todos os diversos atos do homem são efeitos dessa tendência interior. As penas são os obstáculos políticos que impedem os funestos efeitos do choque dos interesses pessoais, sem destruir-lhes a causa, que é o amor de si mesmo, inseparável da humanidade.

O legislador deve ser um arquiteto hábil, que saiba ao mesmo tempo empregar todas as forças que podem contribuir para consolidar o edifício e enfraquecer todas as que possam arruiná-lo.

Supondo-se a necessidade da reunião dos homens em sociedade, mediante convenções estabelecidas pelos interesses opostos de cada particular, achar-se-á uma progressão de crime, dos quais o maior será aquele que tende à destruição da própria sociedade. Os menores delitos serão as pequenas ofensas feitas aos particulares. Entre esses dois extremos estarão compreendidos todos os atos opostos ao bem público, desde o mais criminoso até ao menos passível de culpa.

Se os cálculos exatos pudessem ser aplicados a todas as combinações obscuras que fazem os homens agirem, seria mister procurar e fixar uma progressão de penas correspondente à progressão dos crimes. O quadro dessas duas progressões seria a medida da liberdade ou da escravidão da humanidade, ou da maldade de cada nação.

Bastará, contudo, que o legislador sábio estabeleça divisões principais na distribuição das penas proporcionadas aos delitos e que, sobretudo, não aplique os menores castigos aos maiores crimes[67].

---

67. BECCARIA, Cesare. *Dos delitos e das penas*. 2. ed. Tradução de Paulo M. Oliveira. São Paulo: Edipro, 2010. p. 80-82.

7.
Apêndice

LEI Nº 12.403, DE 4 DE MAIO DE 2011

Altera dispositivos do Decreto-Lei nº 3.689, de 3 de outubro de 1941 – Código de Processo Penal, relativos à prisão processual, fiança, liberdade provisória, demais medidas cautelares, e dá outras providências.

A Presidenta da República
Faço saber que o Congresso Nacional decreta e eu sanciono a seguinte Lei:
Art. 1º. Os arts. 282, 283, 289, 299, 300, 306, 310, 311, 312, 313, 314, 315, 317, 318, 319, 320, 321, 322, 323, 324, 325, 334, 335, 336, 337, 341, 343, 344, 345, 346, 350 e 439 do Decreto-Lei nº 3.689, de 3 de outubro de 1941 – Código de Processo Penal, passam a vigorar com a seguinte redação:

"TÍTULO IX – DA PRISÃO, DAS MEDIDAS CAUTELARES E DA LIBERDADE PROVISÓRIA"
"Art. 282. As medidas cautelares previstas neste Título deverão ser aplicadas observando-se a:
I – necessidade para aplicação da lei penal, para a investigação ou a instrução criminal e, nos casos expressamente previstos, para evitar a prática de infrações penais;
II – adequação da medida à gravidade do crime, circunstâncias do fato e condições pessoais do indiciado ou acusado.
§ 1º. As medidas cautelares poderão ser aplicadas isolada ou cumulativamente.

§ 2º. As medidas cautelares serão decretadas pelo juiz, de ofício ou a requerimento das partes ou, quando no curso da investigação criminal, por representação da autoridade policial ou mediante requerimento do Ministério Público.
§ 3º. Ressalvados os casos de urgência ou de perigo de ineficácia da medida, o juiz, ao receber o pedido de medida cautelar, determinará a intimação da parte contrária, acompanhada de cópia do requerimento e das peças necessárias, permanecendo os autos em juízo.
§ 4º. No caso de descumprimento de qualquer das obrigações impostas, o juiz, de ofício ou mediante requerimento do Ministério Público, de seu assistente ou do querelante, poderá substituir a medida, impor outra em cumulação, ou, em último caso, decretar a prisão preventiva (art. 312, parágrafo único).
§ 5º. O juiz poderá revogar a medida cautelar ou substituí-la quando verificar a falta de motivo para que subsista, bem como voltar a decretá-la, se sobrevierem razões que a justifiquem.
§ 6º. A prisão preventiva será determinada quando não for cabível a sua substituição por outra medida cautelar (art. 319)." (NR)
"Art. 283. Ninguém poderá ser preso senão em flagrante delito ou por ordem escrita e fundamentada da autoridade judiciária competente, em decorrência de sentença condenatória transitada em julgado ou, no curso da investigação ou do processo, em virtude de prisão temporária ou prisão preventiva.
§ 1º. As medidas cautelares previstas neste Título não se aplicam à infração a que não for isolada, cumulativa ou alternativamente cominada pena privativa de liberdade.
§ 2º. A prisão poderá ser efetuada em qualquer dia e a qualquer hora, respeitadas as restrições relativas à inviolabilidade do domicílio." (NR)
"Art. 289. Quando o acusado estiver no território nacional, fora da jurisdição do juiz processante, será deprecada a sua prisão, devendo constar da precatória o inteiro teor do mandado.
§ 1º. Havendo urgência, o juiz poderá requisitar a prisão por qualquer meio de comunicação, do qual deverá constar o motivo da prisão, bem como o valor da fiança se arbitrada.
§ 2º. A autoridade a quem se fizer a requisição tomará as precauções necessárias para averiguar a autenticidade da comunicação.
§ 3º. O juiz processante deverá providenciar a remoção do preso no prazo máximo de 30 (trinta) dias, contados da efetivação da medida." (NR)
"Art. 299. A captura poderá ser requisitada, à vista de mandado judicial, por qualquer meio de comunicação, tomadas pela autoridade, a quem se fizer a requisição, as precauções necessárias para averiguar a autenticidade desta." (NR)
"Art. 300. As pessoas presas provisoriamente ficarão separadas das que já estiverem definitivamente condenadas, nos termos da lei de execução penal.

Parágrafo único. O militar preso em flagrante delito, após a lavratura dos procedimentos legais, será recolhido a quartel da instituição a que pertencer, onde ficará preso à disposição das autoridades competentes." (NR)

"Art. 306. A prisão de qualquer pessoa e o local onde se encontre serão comunicados imediatamente ao juiz competente, ao Ministério Público e à família do preso ou à pessoa por ele indicada.

§ 1º. Em até 24 (vinte e quatro) horas após a realização da prisão, será encaminhado ao juiz competente o auto de prisão em flagrante e, caso o autuado não informe o nome de seu advogado, cópia integral para a Defensoria Pública.

§ 2º. No mesmo prazo, será entregue ao preso, mediante recibo, a nota de culpa, assinada pela autoridade, com o motivo da prisão, o nome do condutor e os das testemunhas." (NR)

"Art. 310. Ao receber o auto de prisão em flagrante, o juiz deverá fundamentadamente:

I – relaxar a prisão ilegal; ou

II – converter a prisão em flagrante em preventiva, quando presentes os requisitos constantes do art. 312 deste Código, e se revelarem inadequadas ou insuficientes as medidas cautelares diversas da prisão; ou

III – conceder liberdade provisória, com ou sem fiança.

Parágrafo único. Se o juiz verificar, pelo auto de prisão em flagrante, que o agente praticou o fato nas condições constantes dos incisos I a III do caput do art. 23 do Decreto-Lei nº 2.848, de 7 de dezembro de 1940 – Código Penal, poderá, fundamentadamente, conceder ao acusado liberdade provisória, mediante termo de comparecimento a todos os atos processuais, sob pena de revogação." (NR)

"Art. 311. Em qualquer fase da investigação policial ou do processo penal, caberá a prisão preventiva decretada pelo juiz, de ofício, se no curso da ação penal, ou a requerimento do Ministério Público, do querelante ou do assistente, ou por representação da autoridade policial." (NR)

"Art. 312. A prisão preventiva poderá ser decretada como garantia da ordem pública, da ordem econômica, por conveniência da instrução criminal, ou para assegurar a aplicação da lei penal, quando houver prova da existência do crime e indício suficiente de autoria.

Parágrafo único. A prisão preventiva também poderá ser decretada em caso de descumprimento de qualquer das obrigações impostas por força de outras medidas cautelares (art. 282, § 4º)." (NR)

"Art. 313. Nos termos do art. 312 deste Código, será admitida a decretação da prisão preventiva:

I – nos crimes dolosos punidos com pena privativa de liberdade máxima superior a 4 (quatro) anos;

II – se tiver sido condenado por outro crime doloso, em sentença transitada em julgado, ressalvado o disposto no inciso I do caput do art. 64 do Decreto-Lei nº 2.848, de 7 de dezembro de 1940 – Código Penal;

III – se o crime envolver violência doméstica e familiar contra a mulher, criança, adolescente, idoso, enfermo ou pessoa com deficiência, para garantir a execução das medidas protetivas de urgência;

IV – (revogado).

Parágrafo único. Também será admitida a prisão preventiva quando houver dúvida sobre a identidade civil da pessoa ou quando esta não fornecer elementos suficientes para esclarecê-la, devendo o preso ser colocado imediatamente em liberdade após a identificação, salvo se outra hipótese recomendar a manutenção da medida." (NR)

"Art. 314. A prisão preventiva em nenhum caso será decretada se o juiz verificar pelas provas constantes dos autos ter o agente praticado o fato nas condições previstas nos incisos I, II e III do caput do art. 23 do Decreto-Lei nº 2.848, de 7 de dezembro de 1940 – Código Penal." (NR)

"Art. 315. A decisão que decretar, substituir ou denegar a prisão preventiva será sempre motivada." (NR)

"**Capítulo IV – Da Prisão Domiciliar**"

"Art. 317. A prisão domiciliar consiste no recolhimento do indiciado ou acusado em sua residência, só podendo dela ausentar- se com autorização judicial." (NR)

"Art. 318. Poderá o juiz substituir a prisão preventiva pela domiciliar quando o agente for:

I – maior de 80 (oitenta) anos;

II – extremamente debilitado por motivo de doença grave;

III – imprescindível aos cuidados especiais de pessoa menor de 6 (seis) anos de idade ou com deficiência;

IV – gestante a partir do 7º (sétimo) mês de gravidez ou sendo esta de alto risco.

Parágrafo único. Para a substituição, o juiz exigirá prova idônea dos requisitos estabelecidos neste artigo." (NR)

"**Capítulo V – Das Outras Medidas Cautelares**"

"Art. 319. São medidas cautelares diversas da prisão:

I – comparecimento periódico em juízo, no prazo e nas condições fixadas pelo juiz, para informar e justificar atividades;

II – proibição de acesso ou frequência a determinados lugares quando, por circunstâncias relacionadas ao fato, deva o indiciado ou acusado permanecer distante desses locais para evitar o risco de novas infrações;

III – proibição de manter contato com pessoa determinada quando, por circunstâncias relacionadas ao fato, deva o indiciado ou acusado dela permanecer distante;
IV – proibição de ausentar-se da Comarca quando a permanência seja conveniente ou necessária para a investigação ou instrução;
V – recolhimento domiciliar no período noturno e nos dias de folga quando o investigado ou acusado tenha residência e trabalho fixos;
VI – suspensão do exercício de função pública ou de atividade de natureza econômica ou financeira quando houver justo receio de sua utilização para a prática de infrações penais;
VII – internação provisória do acusado nas hipóteses de crimes praticados com violência ou grave ameaça, quando os peritos concluírem ser inimputável ou semi-imputável (art. 26 do Código Penal) e houver risco de reiteração;
VIII – fiança, nas infrações que a admitem, para assegurar o comparecimento a atos do processo, evitar a obstrução do seu andamento ou em caso de resistência injustificada à ordem judicial;
IX – monitoração eletrônica.
§ 1º. (Revogado).
§ 2º. (Revogado).
§ 3º. (Revogado).
§ 4º. A fiança será aplicada de acordo com as disposições do Capítulo VI deste Título, podendo ser cumulada com outras medidas cautelares." (NR)
"Art. 320. A proibição de ausentar-se do País será comunicada pelo juiz às autoridades encarregadas de fiscalizar as saídas do território nacional, intimando-se o indiciado ou acusado para entregar o passaporte, no prazo de 24 (vinte e quatro) horas." (NR)
"Art. 321. Ausentes os requisitos que autorizam a decretação da prisão preventiva, o juiz deverá conceder liberdade provisória, impondo, se for o caso, as medidas cautelares previstas no art. 319 deste Código e observados os critérios constantes do art. 282 deste Código.
I – (revogado);
II – (revogado)." (NR)
"Art. 322. A autoridade policial somente poderá conceder fiança nos casos de infração cuja pena privativa de liberdade máxima não seja superior a 4 (quatro) anos.
Parágrafo único. Nos demais casos, a fiança será requerida ao juiz, que decidirá em 48 (quarenta e oito) horas." (NR)
"Art. 323. Não será concedida fiança:
I – nos crimes de racismo;

II – nos crimes de tortura, tráfico ilícito de entorpecentes e drogas afins, terrorismo e nos definidos como crimes hediondos;
III – nos crimes cometidos por grupos armados, civis ou militares, contra a ordem constitucional e o Estado Democrático;
IV – (revogado);
V – (revogado)." (NR)
"Art. 324. Não será, igualmente, concedida fiança:
I – aos que, no mesmo processo, tiverem quebrado fiança anteriormente concedida ou infringido, sem motivo justo, qualquer das obrigações a que se referem os arts. 327 e 328 deste Código;
II – em caso de prisão civil ou militar;
III – (revogado);
IV – quando presentes os motivos que autorizam a decretação da prisão preventiva (art. 312)." (NR)
"Art. 325. O valor da fiança será fixado pela autoridade que a conceder nos seguintes limites:
a) (revogada);
b) (revogada);
c) (revogada).
I – de 1 (um) a 100 (cem) salários mínimos, quando se tratar de infração cuja pena privativa de liberdade, no grau máximo, não for superior a 4 (quatro) anos;
II – de 10 (dez) a 200 (duzentos) salários mínimos, quando o máximo da pena privativa de liberdade cominada for superior a 4 (quatro) anos.
§ 1º. Se assim recomendar a situação econômica do preso, a fiança poderá ser:
I – dispensada, na forma do art. 350 deste Código;
II – reduzida até o máximo de 2/3 (dois terços); ou
III – aumentada em até 1.000 (mil) vezes.
§ 2º. (Revogado):
I – (revogado);
II – (revogado);
III – (revogado)." (NR)
"Art. 334. A fiança poderá ser prestada enquanto não transitar em julgado a sentença condenatória." (NR)
"Art. 335. Recusando ou retardando a autoridade policial a concessão da fiança, o preso, ou alguém por ele, poderá prestá-la, mediante simples petição, perante o juiz competente, que decidirá em 48 (quarenta e oito) horas." (NR)
"Art. 336. O dinheiro ou objetos dados como fiança servirão ao pagamento das custas, da indenização do dano, da prestação pecuniária e da multa, se o réu for condenado.

Parágrafo único. Este dispositivo terá aplicação ainda no caso da prescrição depois da sentença condenatória (art. 110 do Código Penal)." (NR)

"Art. 337. Se a fiança for declarada sem efeito ou passar em julgado sentença que houver absolvido o acusado ou declarada extinta a ação penal, o valor que a constituir, atualizado, será restituído sem desconto, salvo o disposto no parágrafo único do art. 336 deste Código." (NR)

"Art. 341. Julgar-se-á quebrada a fiança quando o acusado:
I – regularmente intimado para ato do processo, deixar de comparecer, sem motivo justo;
II – deliberadamente praticar ato de obstrução ao andamento do processo;
III – descumprir medida cautelar imposta cumulativamente com a fiança;
IV – resistir injustificadamente a ordem judicial;
V – praticar nova infração penal dolosa." (NR)

"Art. 343. O quebramento injustificado da fiança importará na perda de metade do seu valor, cabendo ao juiz decidir sobre a imposição de outras medidas cautelares ou, se for o caso, a decretação da prisão preventiva." (NR)

"Art. 344. Entender-se-á perdido, na totalidade, o valor da fiança, se, condenado, o acusado não se apresentar para o início do cumprimento da pena definitivamente imposta." (NR)

"Art. 345. No caso de perda da fiança, o seu valor, deduzidas as custas e mais encargos a que o acusado estiver obrigado, será recolhido ao fundo penitenciário, na forma da lei." (NR)

"Art. 346. No caso de quebramento de fiança, feitas as deduções previstas no art. 345 deste Código, o valor restante será recolhido ao fundo penitenciário, na forma da lei." (NR)

"Art. 350. Nos casos em que couber fiança, o juiz, verificando a situação econômica do preso, poderá conceder-lhe liberdade provisória, sujeitando-o às obrigações constantes dos arts. 327 e 328 deste Código e a outras medidas cautelares, se for o caso.

Parágrafo único. Se o beneficiado descumprir, sem motivo justo, qualquer das obrigações ou medidas impostas, aplicar-se-á o disposto no § 4º do art. 282 deste Código." (NR)

"Art. 439. O exercício efetivo da função de jurado constituirá serviço público relevante e estabelecerá presunção de idoneidade moral." (NR)

Art. 2º. O Decreto-Lei nº 3.689, de 3 de outubro de 1941 – Código de Processo Penal, passa a vigorar acrescido do seguinte art. 289-A:

"Art. 289-A. O juiz competente providenciará o imediato registro do mandado de prisão em banco de dados mantido pelo Conselho Nacional de Justiça para essa finalidade.

§ 1º. Qualquer agente policial poderá efetuar a prisão determinada no mandado de prisão registrado no Conselho Nacional de Justiça, ainda que fora da competência territorial do juiz que o expediu.

§ 2º. Qualquer agente policial poderá efetuar a prisão decretada, ainda que sem registro no Conselho Nacional de Justiça, adotando as precauções necessárias para averiguar a autenticidade do mandado e comunicando ao juiz que a decretou, devendo este providenciar, em seguida, o registro do mandado na forma do caput deste artigo.

§ 3º. A prisão será imediatamente comunicada ao juiz do local de cumprimento da medida o qual providenciará a certidão extraída do registro do Conselho Nacional de Justiça e informará ao juízo que a decretou.

§ 4º. O preso será informado de seus direitos, nos termos do inciso LXIII do art. 5º da Constituição Federal e, caso o autuado não informe o nome de seu advogado, será comunicado à Defensoria Pública.

§ 5º. Havendo dúvidas das autoridades locais sobre a legitimidade da pessoa do executor ou sobre a identidade do preso, aplica-se o disposto no § 2º do art. 290 deste Código.

§ 6º. O Conselho Nacional de Justiça regulamentará o registro do mandado de prisão a que se refere o caput deste artigo."

Art. 3º. Esta Lei entra em vigor 60 (sessenta) dias após a data de sua publicação oficial.

Art. 4º. São revogados o art. 298, o inciso IV do art. 313, os §§ 1º a 3º do art. 319, os incisos I e II do art. 321, os incisos IV e V do art. 323, o inciso III do art. 324, o § 2º e seus incisos I, II e III do art. 325 e os arts. 393 e 595, todos do Decreto-Lei nº 3.689, de 3 de outubro de 1941 – Código de Processo Penal.

Brasília, 4 de maio de 2011; 190º da Independência e 123º da República.

Dilma Rousseff – José Eduardo Cardozo
DOU de 5.5.2011

Referências

1. BAUMAN, Zygmunt. *Globalização: As Consequências Humanas*. Tradução de Marcus Pechel. Rio de Janeiro: Jorge Zahar Editor, 1999.
2. WACQUANT, Loïc. *Les prisons de la misère*. Paris: Éditions Raisons d'Agir, 1999.
3. STRECK, Lenio Luiz. *Verdade e consenso: constituição, hermenêutica e teorias discursivas: da possibilidade à necessidade de respostas corretas em direito*. Rio de Janeiro: Lumen Juris, 2009.
4. LOPES JR., Aury. *O novo regime jurídico da prisão processual, liberdade provisória e medidas cautelares diversas*. Rio de Janeiro: Lumen Juris, 2011, p. 4.
5. MOREIRA, Rômulo de Andrade. *A prisão processual, a fiança, a liberdade provisória e as demais medidas cautelares* – comentários à Lei nº. 12.403/11. Disponível em: http://www.conteudojuridico.com.br/?artigos&ver=2.32169. Acessado em: 1 jun. 2011.
6. COUTINHO. Jacinto Nelson de Miranda. O Sigilo do Inquérito Policial e o Advogado. *Revista Brasileira de Ciências Criminais*. Parecer. p. 124.
7. DELGADO, F. *Ficción y realidad en el proceso penal: Una aproximación sociológica a la implantación del sistema acusatorio*. Disponível em: <http://www2.scielo.org.ve/pdf/crimi/v33n2/art01.pdf>. Acessado em: 11 jun. 2011.
8. CHOUKR, Fauzi Hassan. *Processo Penal de Emergência*. Rio de Janeiro: Lumen Juris, 2010. p. 5.
9. PRADO. Geraldo. *Sistema Acusatório: A conformidade Constitucional das Leis Processuais Penais*. Rio de Janeiro: Lumen Juris, 2006. p. 104.
10. LOPES JR., Aury. *Direito Processual Penal e sua conformidade Constitucional*. Rio de Janeiro: Lumen Juris. 2009. p. 60.
11. SCARANCE, Antonio. *Processo Penal Constitucional*. São Paulo: RT, 2004. p. 15.
12. PIOVESAN, Flávia. *Direitos Humanos e Justiça Internacional*. São Paulo: Saraiva, 2007. p. 7.

13. SIQUEIRA e QUITÉRIO citado por CHOUKR. *O relacionamento entre o Ministério Público e a Polícia Judiciária no processo penal acusatório*. Disponível em: <www.mundojuridico.adv.br/cgi-bin/upload/texto019.doc>. Acessado em: 3 jun. 2011.

14. JARDIM, Afrânio Silva. *Direito Processual Penal*. Rio de Janeiro: Forense, 2002. p. 245.

15. CARVALHO, L. G. G. C. *Processo Penal e Constituição*. Rio de Janeiro: Lumen Juris, 2009. p. 32.

16. PACELLI, Eugenio. *Comentários ao Código de Processo Penal*. Rio de Janeiro: Lumen Juris, 2010. p. 241.

17. LOPES JR. Aury. Breves considerações sobre o requisito e fundamento das prisões cautelares. *ITEC* (Instituto Transdisciplinar de Estudos Criminais). Ano II, nº 5, abril/maio/junho 2000.

18. BADARÓ, Gustavo Henrique Righi Ivahy. *Direito Processual Penal*. Tomo II. São Paulo: Campus Jurídico, 2007. p. 143.

19. LOPES JR. Aury. Breves Considerações Sobre o Requisito e o Fundamento das Prisões Cautelares. *Informativo ITEC*. Ano II, nº 5, abril/maio/junho 2000.

20. FERRAJOLI, Luigi. *Direito e Razão: teoria do garantismo penal*. 2. ed. São Paulo: Revista dos Tribunais, 2006.

21. CHOUKR, Fauzi Hassan. *Código de Processo Penal – Comentários consolidados e Crítica Jurisprudêncial*. Rio de Janeiro: Lumen Juris, 2009. p. 454.

22. OLIVEIRA, Eugenio Pacelli; FISHER, Douglas. *Comentários ao Código de Processo Penal e sua Jurisprudência*. Rio de Janeiro: Lumen Juris, 2010. p. 552.

23. ARAUJO, Anildo Fabio de. *Prisão especial*. Jus Navigandi, Teresina, ano 4, n. 37, 1 dez. 1999. Disponível em: <http://jus.uol.com.br/revista/texto/1091>. Acesso em: 19 jun. 2011.

24. OLIVEIRA, Felipe Silva Alves. *A prisão especial face ao anteprojeto do novo Código de Processo Penal*. Jurisway.org.br. Disponível em: <http://www.jurisway.org.br/v2/dhall.asp?id_dh=5810>. Acessado em: 19 jun. 2011.

25. TOURINHO FILHO, Fernando da Costa. *Processo Penal*. 23. ed. São Paulo: Saraiva, 2001. v. 3, p. 468.

26. LOPES JR. Aury. *Crimes hediondos e a prisão em flagrante como medida pré-cautelar*. Disponível em: <http://www.juspodivm.com.br/i/a/%7BD481CF49-7650-42A4-A863-3E2A3CF163B1%7D_023.pdf.> Acessado em: 20 jun. 2011.

27. RANGEL, Paulo. *Direito Processual Penal*. 7. ed., revista, ampliada e atualizada. Rio de Janeiro: Lúmen Júris, 2004.

28. CAPEZ, Fernando. *Curso de Processo Penal*. 8. ed. rev. e atual. São Paulo: Saraiva, 2002. p. 243.

29. MIRABETE, Júlio Fabrine. *Processo Penal*. 16. ed. São Paulo: Atlas, 2004.

30. FRANCO, Alberto Silva. *Crimes Hediondos: Anotações Sistemáticas à Lei nº 8.072/1990*. 4. ed. rev. atual. São Paulo: RT, 2006.

31. FRANCO, Alberto Silva. *LEX-RJTJESP* 123-16.

32. CLÈVE, Clèrmeson Merlin. *A Fiscalização Abstrata da Constitucionalidade no Direito Brasileiro*. 2. ed. Rio de Janeiro: Revista dos Tribunais, 2000. p. 39.

33. MELLO, Celso Antônio Bandeira de. *Conteúdo Jurídico do Princípio da Igualdade*. 3. ed. São Paulo: Malheiros Editores, 2000.

34. BARBOSA, Rui. *Comentários à Constituição Federal Brasileira*. São Paulo: Saraiva, 1968.

35. MORAES, citado por NOGUEIRA, S. D'Amato. *As reformas do Código de Processo Penal*. Disponível em: <http://www.senado.gov.br/novocpp/bibliografia.asp>. Acessado em: 12 mai. 2011.

36. GRINOVER, Ada Pellegrine. As garantias constitucionais do processo. In:. *Novas tendências do direito processual*. Rio de Janeiro: Forense Universitária, 2000. (Ensaio).

37. PIOVESAN, Flávia. *Direitos Humanos e Justiça Internacional*. São Paulo: Saraiva. 2010, p. 9.

38. GASPARI, Élio. *A Ditadura Escancarada*. São Paulo: Companhia das Letras, 2002. p. 24 e 26.

39. MELLO, Celso A. B. *Curso de Direito Administrativo*. 8. ed. São Paulo: Malheiros, 2002. p. 230.

40. LESSA, Pedro. *Estudo de Filosofia do Direito*. Campinas: Bookseller, 2000. p. 148.

41. MELLO, Celso de. HC 100231 MC/DF – *Informativo* nº 555. Disponível em: <http://www.stf.jus.br>. Acessado em: 01 jan. 2009. passim.

42. FOUCAULT, Michel. *Vigiar e Punir*. 36. ed. São Paulo: Vozes, 2007.

43. KAFKA, Franz. *Carta ao Pai*. Tradução de Modesto Carone. São Paulo: Cia das Letras, 2010. p. 13.

44. BECCARIA, Cesare. *Dos delitos e das penas*. 2. ed. Tradução de Paulo M. Oliveira. São Paulo: Edipro, 2010. p. 80-82.

GRÁFICA PAYM
Tel. (011) 4392-3344
paym@terra.com.br